<u>dtv</u>

Dieses zweisprachige Buch enthält kurze Erzählungen, Anekdoten, Schwänke, Romanzen, lyrische Gedichte, Aphorismen, Sprichwörter und Greguerías (was das ist, erfährt der Leser erstmals in diesem Buch) aus der spanischen Literatur vom fünfzehnten Jahrhundert bis heute.

Wir sagen das so einfach: «Spanische Literatur». Die spanisch schreibenden Nationen sprechen genauer von «las literaturas hispánicas». Und richtig: je näher wir an die Gegenwart herankommen, desto größer wird der Anteil von Texten aus Spanisch Amerika.

Übrigens ist das Buch nicht chronologisch oder geografisch geordnet, sondern spielerisch bunt gemischt. Bei der Auswahl haben wir darauf geachtet, dass auch schon Leser mit geringer Sprachkenntnis am literarischen Herumspazieren Spaß haben.

Paseo por las literaturas hispánicas
Spaziergang durch die spanische Literatur

Herausgegeben von Erna Brandenberger

Mit Illustrationen von Frieda Wiegand

Deutscher Taschenbuch Verlag

dtv zweisprachig · Edition Langewiesche-Brandt
herausgegeben von Kristof Wachinger

Originalausgabe
1. Auflage Dezember 2000. 3. Auflage Februar 2005
Deutscher Taschenbuch Verlag GmbH & Co. KG, München
© bei den Autoren
Umschlagkonzept: Balk & Brumshagen
Umschlagbild: Bartolomé Esteban Murillo (1618–1682),
Trauben- und Melonenesser (Ausschnitt)
Satz: W Design, Coesfeld
Druck und Bindung: Kösel, Krugzell
Gedruckt auf säurefreiem, chlorfrei gebleichtem Papier
ISBN 3-423-09401-9. Printed in Germany

El que no madruga con el sol,
no goza con el día.

Wer nicht mit der Sonne aufsteht,
genießt den Tag nicht.

José Hierro

Canción

Hay que salir al aire,
¡ de prisa !
Tocando nuestras flautas,
alzando nuestros soles,
quemando la alegría.

Hay que invadir el día,
apresurar el paso,
¡ de prisa !
Antes que se nos eche
la noche encima.

Hay que salir al aire,
desatar la alegría,
llenar el universo
con nuestras vidas,
decir nuestra palabra
porque tenemos prisa.

Y hay muchas cosas nuestras
que acaso no se digan.

Hay que invadir el día
tocando nuestras flautas,
alzando nuestros soles,
quemando la alegría.

José Hierro (1922, Spanien)

Lied

Hinaus ins Freie, sofort,
ganz schnell!
Mit unserm Flötenspiel,
mit unsern hoch erhobenen Sonnen*
die Freude verbrennen.

Den Tag erobern,
den Schritt beflügeln, sofort,
Ganz schnell!
Bevor über uns dann
die Nacht hereinbricht.

Hinaus ins Freie,
die Freude entfesseln,
das Weltall erfüllen
mit unseren Leben,
unsere Worte aussprechen,
wir sind in Eile.

Viele Dinge von uns bleiben
dennoch vielleicht ungesagt.

Den Tag erobern,
mit unserm Flötenspiel,
mit unsern hoch erhobenen Sonnen
die Freude verbrennen.

Anónimo

Del rosal sale una rosa.
¡Oh, qué hermosura!
¡Qué color saca tan fino!
Aunque nace del espino
nace entera y olorosa.
Nace de nuevo primor
esta flor,
huele tanto desde el suelo
que penetra hasta el cielo
su fuerza maravillosa.

Pedro Salinas

El agua que está en la alberca
y el verde chopo son novios
y se miran todo el día
el uno al otro.

En las tardes otoñales,
cuando hace viento, se enfadan:
el agua mueve sus ondas,
el chopo sus ramas;
las inquietudes del árbol
en la alberca se confunden
con inquietudes de agua.

Ahora que es la primavera,
vuelve el cariño; se pasan
toda la tarde besándose
silenciosamente. Pero
un pajarillo que baja

Anonym

Aus dem Rosenstrauch erblüht eine Rose,
O, wie prächtig sie ist!
Wie wundersam wirkt ihre Farbe!
Sie ist zwar im Dornbusch geboren,
doch vollendet und duftig.
Sie ist in neuer Anmut geboren
diese Blüte,
sie duftet betörend vom Boden her,
und bis in den Himmel hinein
dringt ihre Zauberkraft.

Pedro Salinas (1891–1951, Spanien)

Das Wasser im Vorratsbecken
und die grüne Pappel sind verlobt,
und sie betrachten einander
den ganzen Tag.

An Herbstabenden bei Wind
bekommen sie Streit;
das Wasser kraust sich zu Wellen,
die Pappel schüttelt die Äste;
die Unruhe des Baumes
vermengt sich im Becken
mit der Unruhe des Wassers.

Jetzt ist es Frühling,
sie sind wieder verliebt, verbringen
den Abend mit Küssen
in stillem Genießen. Doch
ein Vöglein fliegt herab

desde el chopo a beber agua,
turba la serenidad
del beso con temblor vago.
Y el alma del chopo tiembla
dentro del alma del agua.

Rafael Alberti

La novia

Toca la campana
de la catedral.
¡Y yo sin zapatos
yéndome a casar!

¡Dónde está mi velo,
mi vestido blanco,
mi flor de azahar?

¿Dónde mi sortija,
mi alfiler dorado,
mi lindo collar?

¡Date prisa, madre!
Toca la campana
de la catedral.

¿Dónde está mi amante?
Mi amante querido,
¿en dónde estará?

Toca la campana
de la catedral.
¡Y yo sin amante,
yéndome a casar!

von der Pappel zum Trinken
und stört die heitere Glätte
des Kusses mit kaum sichtbarem Zittern.
Die Seele der Pappel erschauert
inmitten der Seele des Wassers.

Rafael Alberti (1903–1999, Spanien)

Die Braut

Es läuten die Glocken
der Kathedrale.
Und ich, ohne Schuhe
will heiraten gehn!

Wo ist mein Schleier,
mein weißes Kleid,
meine Orangenblüte?

Wo ist mein Ring,
meine goldene Spange
mein schönes Halsband?

Beeil dich, Mutter!
Es läuten die Glocken
der Kathedrale.

Wo ist mein Geliebter?
mein geliebter Bräutigam,
wo mag er wohl sein?

Es läuten die Glocken
der Kathedrale.
Und ich, ohne Bräutigam
will heiraten gehn!

Anónimo

Canción

Sopla, sopla el viento norte,
esta noche va a nevar.
¿Qué va a hacer el jilguero?
El jilguerito, ¿qué hará?
Se sentará en el granero
y allí se calentará.
En el manto de las alas
su cabeza esconderá.
¡ Pobrecito jilguerito !
¡ Vuela, que te vas a helar !

Ramón Gómez de la Serna

Los falsos « yo estuve »

El mundo está lleno de falsos « yo estuve ».
    – Yo estuve el día del incendio de Palacio.
    – Yo estuve en la consagración del Emperador.
    – Yo estuve en el estreno del Gran Drama.
    – Yo estuve cuando el atentado.
    – Yo estuve en la inauguración del Palacio de los
Espejos.
    – Yo estuve...
    Casi todos esos « yo estuve » suponen una pro-
ximidad lejana. El día del incendio oyó pasar las
bombas sin saber dónde iban, el día de la con-
sagración leyó los periódicos, el día del estreno
del Gran Drama pasó por la puerta, el día del aten-

Anonym

Lied

Der Nordwind bläst, der Nordwind bläst,
heute Nacht wird es schneien.
Was macht nun wohl der Distelfink?
Armer Distelfink! Was wird er tun?
Er muss sich in die Scheune setzen,
sich dort ein wenig wärmen.
Im Federkleid der Flügel
seinen Kopf verbergen.
Armer kleiner Distelfink!
Flieg, flieg, sonst wirst du erfrieren!

Ramón Gómez de la Serna (1888-1963, Spanien)

Die falschen « ich war auch dabei »

Die Welt ist voll von falschen « ich war auch dabei. »
   « Ich war auch dabei, als der Palast brannte. »
   « Ich war bei der Kaiserkrönung auch dabei. »
   « Ich war bei der Uraufführung des Dramas auch dabei. »
   « Ich war auch dabei, als das Attentat geschah. »
   « Ich war bei der Einweihung des Spiegelpalastes auch dabei. »
   « Ich war auch dabei… »
   Fast alle diese « ich war auch dabei » meinen eine entfernte Nähe. Bei der Feuersbrunst hörte der/die Sprechende die Feuerwehr vorbeifahren, ohne zu wissen, wohin sie unterwegs war, am Krönungstag las er/sie die Zeitung, am Tag der Uraufführung ging er/sie am Theater vorbei, am Tag

tado oyó a un chico lo que acababa de suceder y el día de la inauguración del Palacio de los Espejos se asomó a un espejito de bolsillo pensando en lo que sería aquella gran amalgama de luces, espejos y elegancias.

Los cafés, sobre codo, están llenos de « yo estuve », los trenes también tienen bastantes « yo estuve » y las redacciones suelen llenarse de ellos.

Para evitar esos falsos « yo estuve » habría que despachar en los grandes acontecimientos certificados de haber estado y fotografías en el lugar del suceso.

Ramón Gómez de la Serna

Greguerías

1. El viaje más barato es el dedo sobre el mapa.
2. Las moscas son los únicos animales que leen los periódicos.
3. No hay que dar la verdad desnuda. Por lo menos hay que ponerle un velillo.
4. Peligroso es ver más estrellas de las que hay.
5. El agua no tiene memoria: por eso es tan limpia.
6. Las algas que aparecen en las playas son los pelos que se arrancan las sirenas al peinarse.
7. ¡ Qué tragedia ! Envejecían sus dedos, pero no envejecían sus sortijas.
8. El hielo sólo es inmortal en los polos.
9. Las lágrimas desinfectan el dolor.
10. El ideal del aficionado a la fotografía es poseer la mejor máquina para hacer fotos de los miserables.
11. Vitrales: mariposas de la catedral.

des Attentats hörte er/sie von einem Kind, was geschehen war, und als der Spiegelpalast eingeweiht wurde, schaute er/sie in ein Taschenspiegelchen und stellte sich das glanzvolle Lichterspiel auf den herrschaftlichen Quecksilberflächen vor.

Vor allem die Cafés sind voll von « ich war auch dabei », auch in den Zügen gibt es viele « ich war auch dabei », und die Redaktionsräume quellen meistens davon über.

Um solche falschen « ich war auch dabei » zu vermeiden, müsste man bei großen Ereignissen den Anwesenden Bescheinigungen ausstellen und sie am Ort des Geschehens fotografieren.

Ramón Gómez de la Serna
(1888–1963, Spanien - Argentinien)
Greguerías*

1. Die billigste Reise ist der Finger auf der Landkarte.
2. Die Fliegen lesen als einzige Tiere die Zeitung.
3. Man soll die Wahrheit nicht nackt bringen. Wenigstens soll man sie in ein Schleierchen hüllen.
4. Es ist gefährlich, mehr Sterne zu sehen, als vorhanden sind.
5. Das Wasser hat kein Gedächtnis: darum ist es so rein.
6. Die Algenfäden auf den Stränden sind die Haare, die den Sirenen beim Kämmen ausfallen.
7. Welche Tragödie! Ihre Finger wurden alt, aber nicht ihre (kostbaren) Ringe.
8. Das Eis ist nur an den Polen unsterblich.
9. Die Tränen desinfizieren den Schmerz.
10. Das Erstrebenswerteste für einen begeisterten Fotografen: den besten Apparat besitzen, um die Verelendeten zu fotografieren.
11. Glasmalereien: Schmetterlinge der Kathedrale.

12. La vida es así: «¿Se ha acomodado bien? ¡Pues entonces, fuera!»

13. Cae la niebla sobre la ciudad para ver si consigue que el hombre se olvide de la realidad.

14. La sidra quisiera ser champaña pero no ha viajado bastante por el extranjero.

15. Ni siquiera el maletín - que siempre nos resultó pequeño - lo necesitaremos para el gran viaje.

16. El buen escritor no sabe nunca si sabe escribir.

El corcovado no ve su corcova,
y ve la de su compañero.

Der Bucklige sieht seinen Buckel nicht,
aber den seines Gefährten.

Fernán Caballero

La burra perdida

Un licenciado del ejército, que se retiraba a su casa sin oficio ni beneficio, halló por casualidad la receta de unas píldoras para curar todas las enfermedades habidas y por haber, que se le había perdido a un charlatán. Como no lo era él poco, se presentó

12. Das Leben ist so: «Haben Sie sich gut eingerichtet? Also, dann, raus!»

13. Der Nebel legt sich auf die Stadt, weil er schauen möchte, ob es ihm gelingt, die Menschen die Wirklichkeit vergessen zu lassen.

14. Der Apfelmost wäre gern Champagner, aber er ist nicht genug im Ausland herumgereist.

15. Nicht einmal das Köfferchen – das für uns sonst immer zu klein war – werden wir für die große Reise brauchen.

16. Der gute Schriftsteller weiß nie, ob er schreiben kann.

Fernán Caballero (1796–1877, Spanien)

Die entlaufene Eselin

Ein verabschiedeter Soldat war ohne Handwerk und Habe auf dem Heimweg und fand zufällig ein Rezept für Pillen gegen alle bekannten und unbekannten Krankheiten, das ein Quacksalber verloren hatte. Da er selbst auch nicht wenig Begabung zum Quacksalbern hatte, trat er mit der

en el pueblo diciendo que había estudiado medicina, y como le creyesen buenamente sus paisanos, principió a ejercer la profesión con todo descaro, propinando siempre la misma medicina para todas las enfermedades, aunque la causa de ellas fuese contraria.

Las píldoras obraban a las mil maravillas, algunos enfermos se curaron, otros se murieron; pero las píldoras no desmerecían por esto, y el charlatán, menos.

Un día se le acercó un paisano y le dijo:

– Las píldoras de usted, ¿curan todas las enfermedades? ¿Podrán curar también la mía?

– De seguro – repuso nuestro hombre con el aplomo de un charlatán –. Pero, ¿qué enfermedad es?

– Mi enfermedad es, señor, que se me ha perdido una burra y por más diligencias que practico no puedo encontrarla.

El médico se turbó con esta contestación; pero luego sacó media docena de píldoras y le dijo con bastante seguridad:

– Tómelas usted, buen hombre, y verá prodigios.

El paisano las tomó con fe y se salió al campo; y como la medicina le obligase a separarse del camino, se acercó a un espeso cañaveral... y, ved aquí una coincidencia extraña, estaba allí su burra.

Esta cura prodigiosa ha sido la base de la fortuna del curandero, porque el campesino principió a publicar que aquel médico, no sólo curaba las enfermedades, sino que daba recetas para encontrar las burras perdidas, que por cierto no es poco.

Behauptung im Dorf auf, er habe Medizin studiert, und als die Leute es ihm gutgläubig abnahmen, begann er seinen Beruf in aller Unverschämtheit auszuüben und verschrieb immer dieselbe Medizin, selbst für gegensätzliche Krankheitsursachen.

Die Pillen wirkten auf wundersame Weise: einige Kranke wurden gesund, andere starben, aber die Pillen büßten ihr Ansehen deswegen nicht ein, und der Quacksalber das seine noch weniger.

Eines Tages kam ein Bauer zu ihm und sagte:

«Die Pillen von Ihnen heilen doch alle Krankheiten? Könnten sie auch meine heilen?»

«Sicher», antwortete unser Mann so selbstbewusst, wie es nur ein Quacksalber kann, «aber was ist es denn für eine Krankheit?»

«Meine Krankheit, Herr, ist folgende: es ist mir eine Eselin entlaufen, und ich kann sie trotz allen Bemühungen nicht finden.»

Der Arzt stutzte ein wenig bei dieser Antwort; aber dann nahm er ein halbes Dutzend Pillen aus der Tasche und sagte mit einigem Nachdruck zu ihm:

«Nehmen Sie diese, guter Mann, und Sie werden Wunder erleben.»

Der Bauer nahm sie vertrauensvoll ein und ging aufs Feld hinaus. Da die Pillen ihn aber zwangen, vom Weg abzugehen, suchte er ein Schilfdickicht auf, und siehe da, welch seltsamer Zufall!... da stand seine Eselin.

Diese Wunderheilung war der Grundstock für den Reichtum des Medizinmannes, denn der Bauer erzählte überall herum, dass dieser Arzt nicht nur Krankheiten heilte, sondern auch Rezepte gab, um entlaufene Esel zu finden, und das ist wahrlich keine Kleinigkeit.

Esteban de Garibay y Zamaolla

La hora de comer

Pidió un señor a sus criados de comer. Respondié-
ronle:
    – Señor, no son las diez.
    El señor dijo:
    – Pues dénme de comer, que en mi estómago son
las doce.

Del cancionero popular

El abogado

En nuestro país
hay un abogado
a quien tres señoras
por juez nombraron
en una contienda
que no recordamos.
Y el pobre al momento
conoció, asombrado,
que con tantos cursos
universitarios
como había seguido,
nunca había estudiado.
Salte, salte el abogado,
el abogado de paja;
salte el abogado.

Esteban de Garibay y Zamaolla (1533–1599, Spanien)

Essenszeit

Ein Edelmann verlangte von seinen Dienern das Essen.
Sie antworteten ihm:
    «Herr, es ist noch nicht einmal zehn Uhr.»
    Der Edelmann sagte:
    «Bringt mir das Essen, denn in meinem Magen ist es
schon zwölf Uhr.»

Volksdichtung

Der Anwalt

In unserm Land
gibt es einen Anwalt,
den ernannten drei Damen
zum Richter
in einem Streitfall,
den wir vergessen haben.
Der Arme erkannte im Nu
zu seinem großen Erstaunen:
trotz allen Vorlesungen,
die an Universitäten
er belegte,
hatte er gar nie studiert.
Raus mit dem Anwalt, raus,
raus mit dem Strohmann,
raus mit dem Anwalt.

Fernán Caballero

Adivinanzas

1) Una dama muy delgada
y de palidez mortal,
que se alegra y reanima
cuando la van a quemar.
(la vela)

2) Al ver dos hombres que venían,
dos mujeres una a otra decían:
« Allí vienen nuestros padres,
maridos de nuestras madres,
padres de nuestros hijos
y nuestros propios maridos.»
(dos viudos que se casaron con sus respectivas hijas)

3) Vuela sin alas,
silba sin boca,
azota sin manos,
y tú ni lo ves, ni lo tocas.
(el viento)

4) Es una red bien tejida
cuyos nudos no se ven,
y duran toda la vida.
En esta red de pescar,
unos claman por salir
y otros claman por entrar.
(el matrimonio)

Fernán Caballero (1796–1877, Spanien)

Rätsel

1) Eine ganz schlanke Dame
steht leichenblass da
und lebt freudig auf,
sobald sie verbrennt.
(die Kerze)

2) Das sagen zwei Frauen zueinander
als zwei Männer ihnen begegnen:
«Da kommen unsere Väter,
die Gatten unserer Mütter,
Väter unserer Kinder
und unsere eigenen Gatten.»
(zwei Witwer heirateten jeder die Tochter des andern)

3) Er fliegt ohne Flügel,
er pfeift ohne Mund,
er schlägt ohne Hände,
lässt sich weder sehen noch greifen.
(der Wind)

4) Ein fein geknüpftes Netz
mit unsichtbaren Knoten,
die halten das ganze Leben.
Einige drinnen im Netz
erflehen den Ausgang,
andere draußen erflehen den Zugang.
(die Ehe)

Augusto Monterroso

La vida en común

Alguien que a toda hora se queja con amargura
de tener que soportar su cruz (esposo, esposa,
padre, madre, abuelo, abuela, tío, tía, hermano,
hermana, hijo, hija, padrastro, madrastra, hijastro, hijastra, suegro, suegra, yerno, nuera) es
a la vez la cruz del otro, que amargamente se queja de tener que sobrellevar a toda hora la cruz
(nuera, yerno, suegra, suegro, hijastra, hijastro,
madrastra, padrastro, hija, hijo, hermana, hermano, tía, tío, abuela, abuelo, madre, padre, esposa, esposo) que le ha tocado cargar en esta vida,
y así, de cada quien según su capacidad y a cada
quien según sus necesidades.

Huyendo del toro,
cayó en el arroyo.

Er wollte dem Stier entkommen
und fiel in den Bach.

Augusto Monterroso (1921, Guatemala)

Zusammenleben

Wer sich immerzu bitter beklagt, sein Kreuz tragen zu
müssen (Gatte, Gattin, Vater, Mutter, Großvater, Großmutter, Onkel, Tante, Bruder, Schwester, Sohn, Tochter,
Stiefvater, Stiefmutter, Stiefsohn, Stieftochter, Schwiegervater, Schwiegermutter, Schwiegersohn, Schwiegertochter)
ist gleichzeitig das Kreuz des anderen, der sich bitter beklagt, immerzu das Kreuz auf sich nehmen zu müssen
(Schwiegertochter, Schwiegersohn, Schwiegermutter,
Schwiegervater, Stieftochter, Stiefsohn, Stiefmutter, Stiefvater, Tochter, Sohn, Schwester, Bruder, Tante, Onkel,
Großmutter, Großvater, Mutter, Vater, Gattin, Gatte), das
ihm in diesem Leben aufgebürdet worden ist, und so jeder
für jeden, wie er kann, und jeder für jeden, wie ers braucht.

Rafael Alberti

Traje mío...

¡Traje mío, traje mío,
nunca te podré vestir,
que al mar no me dejan ir!

Nunca me verás, ciudad,
con mi traje marinero.

Guardado está en el ropero,
ni me lo dejan probar.

Mi madre me lo ha encerrado,
para que no vaya al mar.

Marinero en tierra

El mar. La mar.
El mar. ¡Sólo el mar!

¿Por qué me trajiste, padre,
a la ciudad?

¿Por qué me desenterraste
del mar?

En sueños, la marejada
me tira del corazón.
Se lo quisiera llevar.

Padre, ¿por qué me trajiste
acá?

Rafael Alberti (1903–1999, Spanien)

Mein Lieblingsanzug...

Mein Anzug, mein Lieblingsanzug,
nie werde ich dich tragen,
denn ich darf nicht zur See!

Niemals siehst du mich, Stadt,
in meinem Matrosenanzug.

Aufbewahrt ist er im Schrank,
nicht einmal anprobieren darf ich ihn.

Meine Mutter hat ihn mir weggeschlossen,
damit ich ja nie zur See fahre.

Matrose an Land

Das Meer. Die See.
Das Meer. Allein das Meer!

Warum, Vater, hast du mich
in die Stadt gebracht?

Warum hast du mich herausgezogen
aus dem Meer?

Im Traum reißt die Flut
an meinem Herzen.
Sie möchte es mit sich ziehen.

Vater, warum brachtest du mich
hierher?

Juan de la Cabada

Don Julián

Sentado a su escritorio de Juez de lo Penal, el señor
Cubielles sostenía la bocina del teléfono. Se acercó
la secretaria con varios legajos de sentencias. El
Juez tomó de un tintero figurado en plástico negro
su largo bolígrafo e hizo seña de que le fuesen
pasando uno por uno los legajos para firmar al pie
de cada fallo, mientras sus respuestas completaban
la significación del diálogo que acababa de iniciar
su esposa.

— . . . .

— ¿Murió don Julián? ¿Esta mañana? ¡Qué pena! ¡Qué barbaridad, María Elena!

— . . . .

— Sí, claro, ¡imagínate! La viuda... sus hijos...
las hijas... ¡Inconsolables! Me lo figuro.

— . . . .

— ¡Pobre don Julián! ¡Bueno... Sí... sí. Pero si
no hubo tiempo a que le hicieran la operación, eso
se salió ganando.

— . . . .

— ¿Desalmado, yo? ¿Yo? ¿Por qué? Pienso nada
más, en primer lugar, conforme a las leyes del destino, que nadie se salva de la raya, y en segundo,
que si no se le operó, el dineral que habría costado
aquello le quedó a la familia, y en tal caso el único
que salió perdiendo fue el médico.

— . . . .

— No, muñequita no. Yo te digo todo esto, inclinado a favorecer los intereses de los herederos en
mi deseo ante lo irremediable, de que se beneficien

Juan de la Cabada (1903–1986, Mexiko)

Don Julián

Der Strafrichter Cubielles saß an seinem Schreibtisch und
hielt den Telefonhörer am Ohr. Die Sekretärin brachte
ihm mehrere Ordner mit Gerichtsurteilen. Der Richter
nahm seinen langen Kugelschreiber aus dem schwarzen
Plastikständer in Form eines Tintenfässchens und bedeute-
te ihr, ihm ein Aktenbündel nach dem anderen zum Unter-
schreiben hinzulegen; unterdessen vervollständigten seine
Antworten den Inhalt des Telefongesprächs, das seine Gattin soeben begonnen hatte.

«...»

«Don Julián ist gestorben? Heute Morgen? Wie traurig!
Wie schrecklich, María Elena!»

«...»

«Ja, natürlich, stell dir vor! Die Witwe... die Kinder...
Untröstlich! Das sehe ich vor mir.»

«...»

«Der arme Don Julián! Ja, gut... Ja... ja. Aber wenn
es zu spät war zum Operieren, dann war doch wenigstens
das gespart.»

«...»

«Herzlos, ich? Ich? Wieso? Ich finde nur, dass erstens,
gemäß den Gesetzen des Lebens, niemand dem Tod entkommen kann, und dass zweitens, wenn er nicht operiert
wurde, der Haufen Geld, den die Operation gekostet hätte,
der Familie geblieben ist, so dass in diesem Fall der einzige
Verlierer der Arzt ist.»

«...»

«Nein, Püppchen, nein. Ich sag dir das alles nur, weil
es mir darum geht, die Interessen der Erben zu wahren,
denn angesichts der unabänderlichen Tatsachen ist es

al menos los deudos de un amigo, para que les sirva de consuelo.

El Juez Cubielles puso su firma en la siguiente sentencia y asentando los dos brazos encima del escritorio, en repaso de su memoria, pareció alarmarse:

– ¿Una corona? ¡No! Bueno... sí. Se mandará. Y a propósito, María Elena, linda... dime, dime, ¿quién es... fue... o era, mejor dicho, don Julián?

– ....

– ¡Qué... qué! ¿El portero?

– ....

– ¡Ah, era joven! Pues no había reparado en su persona.

– ....

-No, no lo había notado, ¡cómo quieres que me diese cuenta!

– ....

– ¿Que yo... un idiota... y que te tomo el pelo? De veras no puedo recordar quién sería ese Julián... bueno, don Julián... ¡Oye, muñequita, muñequita, oye, oye...!

El respetable licenciado Cubielles permaneció unos instantes con la bocina en la mano, como estupefacto. Se deducía que su esposa cortó de golpe la comunicación. La secretaria, que abandonaba el despacho en aquel momento, estuvo a punto de ahogarse por reprimir un acceso de risa. Nadie pudo saber nunca si el Juez era tonto, cínico, humorista; las tres cosas, o ninguna de ellas.

mein Wunsch, dass das Geld wenigstens den Angehörigen eines Freundes zugute kommt und ihnen als Trost dient.

Der Richter Cubielles setzte seine Unterschrift unter das nächste Urteil, stützte beide Arme auf den Schreibtisch, grübelte in seinem Gedächtnis und fuhr auf einmal auf:

«Einen Kranz? Nein! Gut... also. Ich werde ihn schikken lassen. Überhaupt, María Elena, Schatz... sag mir doch, wer ist... besser gesagt, war denn Don Julián?»

«...»

«Was... was! Der Hauswart?»

«...»

«Ach so, er war jung! Ich habe eben nie auf sein Aussehen geachtet.»

«...»

«Nein, ich habe es nicht bemerkt. Wie soll ich denn auf so etwas achten!»

«...»

«Dass ich... ein Trottel... und mich über dich lustig mache? Nein, wirklich, ich kann mich nicht erinnern, wer dieser Julián sein könnte... gut, Don Julián... Hör, Püppchen, Püppchen, hör doch, hör zu...!»

Der würdevolle Lizentiat Cubielles saß noch eine Weile mit dem Hörer in der Hand ziemlich verdutzt da. Daraus ließ sich schließen, dass seine Gattin plötzlich das Gespräch abgebrochen hatte. Die Sekretärin, die in diesem Augenblick das Büro verließ, musste einen Lachanfall unterdrücken und erstickte beinahe daran. Niemand hat jemals erfahren, ob der Richter nun ein Trottel, ein Spötter oder ein Witzbold oder alles zusammen oder nichts von allem war.

Melchor de Santa Cruz

¿Dónde nos mudamos?

Robaron unos ladrones en Toledo a uno que se llamaba Pedro el Negre; y llevándole una arca y dos
colchones, viéndolo él, se fue tras ellos. Como les
siguiese le preguntaron qué quería. Respondió:
    – Voy a ver adónde me mudáis.

Eduardo Galeano

Las flores

El escritor brasileño Nelson Rodrigues estaba con-
denado a la soledad. Tenía cara de sapo y lengua
de serpiente, y a su prestigio de feo y fama de ve-
nenoso sumaba la notoriedad de su contagiosa mala suerte: la gente de su alrededor moría por bala,
miseria o desdicha fatal.
    Un día, Nelson conoció a Eleonora. Ese día, el
día del descubrimiento, cuando por primera vez vio
a esa mujer, una violenta alegría lo atropelló y
lo dejó bobo. Entonces quiso decir alguna de sus
frases brillantes, pero se le aflojaron las piernas
y se le enredó la lengua y no pudo más que tarta-
mudear ruiditos.
    La bombardeó con flores. Le enviaba flores a su
apartamento, en lo más alto de un alto edificio de
Río de Janeiro. Cada día le enviaba un gran ramo
de flores, flores siempre diferentes, sin repetir
jamás los colores ni los aromas, y abajo esperaba;

Melchor de Santa Cruz
(aus «Floresta española» 1574, Spanien)
Umzug

In Toledo wurde ein Mann namens Pedro el Negre ausge-
raubt. Er sah, wie die Diebe eine Truhe und zwei Matratzen
wegtrugen, und ging ihnen nach. Als sie bemerkten, dass er
ihnen folgte, fragten sie ihn, was er wolle. Er antwortete:
    «Ich möchte gern wissen, wohin ihr mit mir umzieht.»

Eduardo Galeano (1940, Uruguay)

Die Blumen

Der brasilianische Schriftsteller Nelson Rodrigues war
zur Einsamkeit verdammt. Er hatte ein Krötengesicht und
eine Vipernzunge, und abgesehen von seiner berühmten
Hässlichkeit und seiner berüchtigt giftigen Bosheit stand
er auch noch im Ruf, von ansteckendem Unglück verfolgt
zu sein: Leute in seinem Umkreis wurden erschossen oder
starben im Elend oder unter andern verhängnisvollen Umständen.
    Nelson lernte eines Tages Eleonora kennen. Als er sie am
Fest der Entdeckung Amerikas zum ersten Mal sah, packte
ihn überwältigende Freude und raubte ihm die Sinne. Er
wollte irgend einen seiner bestechenden Sätze sagen, aber
seine Beine wurden schwach, seine Zunge verhaspelte sich,
und er konnte nur noch stotternde Geräusche von sich geben.
    Er bombardierte sie mit Blumen. Er schickte ihr Blumen
in die Wohnung zuoberst in einem Hochhaus in Río. Jeden
Tag schickte er ihr einen großen Strauß, immer wieder

desde abajo veía el balcón de Eleonora, y desde el
balcón ella arrojaba las flores a la calle, cada día,
y los automóviles las aplastaban.

Y así fue durante cincuenta días. Hasta que un
día, un mediodía, las flores que Nelson envió no
cayeron a la calle y no fueron pisoteadas por los
automóviles.

Ese mediodía, él subió hasta el piso último, tocó
el timbre y la puerta se abrió.

Luis Mateo Díez

Un suceso

Me desperté con sed. Lola dormía. Me levanté
con cuidado, sin dar la luz, salí de la habitación,
avancé a oscuras por el pasillo. Entonces tropecé
con alguien. Unos pasos apresurados se perdieron
hacia la cocina y la puerta se cerró tras ellos.

Tardé un momento en reaccionar. Seguí por
el pasillo hasta alcanzar el interruptor de la luz
y luego, decidido, abrí de golpe la puerta de la
cocina.

El hombre se había subido en el alféizar de la
ventana abierta.

– No, por Dios – dijo –, no avise a la policía.

En su rostro el terror allanaba el gesto de su mirada enferma.

– Ángel – musité, como si de pronto mi memoria sufriera una sacudida.

– Martín – respondió con incredulidad instantes
después.

andere Blumen, ohne jemals Farben oder Düfte zu wieder-
holen, und wartete unten: er sah zu Eleonoras Balkon
hinauf, und sie warf die Blumen vom Balkon hinab auf
die Straße, jeden Tag, und die Autos fuhren darüber hin.

So ging es fünfzig Tage lang. Bis an einem Mittag die
Blumen, die Nelson schickte, nicht auf die Straße fielen
und nicht von den Autos überfahren wurden.

An diesem Mittag stieg er bis zum obersten Stockwerk
empor, läutete an der Wohnung, und die Tür öffnete sich.

Luis Mateo Díez (1942, Spanien)

Eine Begebenheit

Ich erwachte und verspürte Durst. Lola schlief. Ich stand
möglichst leise auf, ohne Licht zu machen, ging aus dem
Zimmer und tappte im Dunkeln durch den Flur. Da stieß
ich mit jemandem zusammen. Ein paar hastige Schritte
entfernten sich Richtung Küche, und hinter ihnen schloss
sich die Tür.

Es dauerte einen Augenblick, bis ich mich gefasst hatte.
Ich ging weiter durch den Flur bis zum Lichtschalter, und
entschlossen öffnete ich schlagartig die Küchentür.

Der Mann war auf den Sims des offenen Fensters ge-
stiegen.

«Nein, um Gottes Willen», sagte er, «melden Sie es
bitte nicht der Polizei.»

Auf seinem Gesicht milderte das Entsetzen den Ausdruck
seines von Krankheit gezeichneten Blicks.

«Angel», wisperte ich, als ob meinem Gedächtnis plötzlich ein Stoß versetzt worden wäre.

«Martin» antwortete er ungläubig ein Weilchen später.

Lola llamaba excitada desde el pasillo.

Cuando llegó a la cocina vio abrazados a aquellos dos amigos de la infancia, y su irrevocable decisión de llamar a la policía fue lo que motivó el inicio de la definitiva crisis de nuestro matrimonio.

Cristina Peri Rossi

Muchacha con una flauta

En el túnel del metro alguien toca una melodía

Una vieja melodía medio olvidada

Alguien con una flauta
una muchacha rubia
como salida de un cuadro renacentista

alguien
como un ángel reencarnado

Y súbitamente
me asalta una pregunta
¿Será posible que los ángeles estén entre nosotros
en el túnel oxidado
(como un podrido útero materno)
ángeles que piden limosna
que mascan chicle para matar el hambre
y esnifan coca
para estar más cerca de Dios?

Lola rief aufgeregt vom Flur her.

Als sie in die Küche kam, sah sie die beiden Jugendfreunde einander umarmen, und ihr unwiderruflicher Entschluss, die Polizei zu benachrichtigen, stürzte unsere Ehe endgültig in die Krise.

Cristina Peri Rossi (1941, Uruguay)

Mädchen mit einer Flöte

Im Tunnel der Metro spielt jemand eine Melodie

   Eine alte, fast vergessene Weise

Jemand mit einer Flöte
ein blondhaariges Mädchen
wie einem Bild der Renaissance entstiegen

jemand
            wie ein wiedergeborener Engel

Und plötzlich
überfällt mich eine Frage:
Ist es wohl möglich, dass bei uns Engel wohnen
im rostigen Tunnel
(wie ein verwesender Mutterschoß)
Engel, die um Almosen betteln
Kaugummi kauen, um den Hunger zu stillen,
und Koka schnupfen,
um näher bei Gott zu sein?

Cristina Peri Rossi

Distancia justa

En el amor, y en el boxeo,
todo es cuestión de distancia.
Si te acercas demasiado me excito
me asusto
me obnubilo digo tonterías
me echo a temblar.
Pero si estás lejos
sufro entristezco
me desvelo
y escribo poemas.

Cristina Peri Rossi

Ciudad de provincia

Al abandonar aquella lúgubre ciudad de provincia
fui demasiado generosa con el taxista,
con el conserje
y la recepcionista.

Ningún dinero me parecía suficiente
por el privilegio de no vivir allí.

Cristina Peri Rossi (1941, Uruguay)

Der richtige Abstand

In der Liebe und beim Boxkampf
ist alles eine Frage des Abstands.
Kommst du mir zu nahe, erschrecke ich,
verliere die Fassung,
gerate ins Taumeln, sage dummes Zeug,
fange an zu zittern.
aber bist du fort,
leide ich, bin traurig,
liege schlaflos
und schreibe Gedichte.

Cristina Peri Rossi (1941, Uruguay)

Provinzstadt

Als ich aus der dumpfen Provinzstadt wegzog,
war ich zu großzügig mit dem Taxifahrer,
mit dem Pförtner
und der Empfangsdame.

Kein Betrag schien mir zu hoch
für die Gunst, nicht dort wohnen zu müssen.

Julio Torri

.....

El Médico arrugó el entrecejo y sentenció grave-
mente: – Este riñón derecho no me gusta y tendre-
mos que arrancarlo desde luego. Lo mismo que
esas amígdalas que nos pueden dar mañana más de
un dolor de cabeza. Los dientes... por supuesto,
hay que sacarlos, sin que quede uno. Después se-
guiremos con el apéndice y con un palmo de intes-
tino, que se nos puede ulcerar cualquier día. Habrá
que extraer también la vesícula biliar, que no anda
muy bien...

Yo salí del consultorio al buen sol de la calle que
infundía alegría de vivir en la gente del barrio. Y he
seguido viviendo hasta el día de hoy con mis órga-
nos deteriorados y con mi viejo y casi inservible
juego de glándulas.

Quien a buen árbol se arrima,
buena sombra le cobija.

Wer sich an einen starken Baum lehnt,
den schützt ein starker Schatten.

Julio Torri (1889–1970, Mexiko)

. . . . .

Der Arzt runzelte die Stirn und gab mit ernster Miene fol-
gendes Urteil ab: «Die rechte Niere gefällt mir gar nicht,
und wir müssen sie selbstverständlich entfernen. Ebenso
die Mandeln, die könnten uns schon morgen mehr als einmal Kopfschmerzen bereiten. Die Zähne..., die muss man
natürlich ziehen, ohne eine einzige Ausnahme. Dann machen wir weiter mit dem Blinddarm und einer Spanne
Darm, wo sich über kurz oder lang ein Geschwür bilden
kann. Die Gallenblase muss man auch herausnehmen, sie
arbeitet nicht sehr gut...»

Ich ging vom Sprechzimmer hinaus an die Sonne, die den
Menschen in dieser Gegend Lebensfreude einflößt. Und so
habe ich bis heute mit meinen schadhaften Organen weiter
gelebt – und mit meinem ganzen Satz alter unbrauchbarer
Drüsen.

Coplas

Gorjeos del alma

1. Aunque sufro y no poco
cuando te veo,
el verte a todas horas
es mi deseo.

2. ¡ Hora y media sin casi
mover los labios,
y sin embargo, niña,
cuánto has hablado !

3. ¡ A la mar van a parar,
María, todos los ríos,
y allí se van a juntar
tus amores con los míos.

4. Tus labios son dos cortinas
del más fino carmesí,
y entre cortina y cortina
estoy esperando el sí.

5. Hasta los caracolitos
que hay a la orilla del mar,
me dicen que no te quiera,
yo no te puedo olvidar.

6. Anda diciendo tu madre
que una reina te mereces,
y yo, como no soy reina,
te aconsejo que me dejes.

Gelegenheitsverse

Herzensergüsse

1. Ich leide, und nicht wenig,
wenn ich dich sehe,
trotzdem ist mein Begehren,
dich allzeit zu sehen.

2. Eineinhalb Stunden, und du
hast kaum die Lippen bewegt,
und trotzdem, Mädchen,
wieviel hast du gesagt.

3. Ins Meer münden, Maria,
am Ende sämtliche Bäche,
und dort wird sich vereinen
deine Liebe mit der meinen.

4. Deine Lippen sind zwei Gardinen
aus feinstem Karmesin,
und zwischen beiden Gardinen
warte ich auf dein Ja.

5. Sogar die Schnecklein,
die am Meeresstrand kriechen,
sagen mir, ich soll dich nicht lieben,
doch vergessen kann ich dich nicht.

6. Deine Mutter erzählt überall,
du verdienst eine Königin,
so rate ich dir, lass mich in Ruhe,
denn eine Königin bin ich nicht.

7. Por verte a todas horas
diera mi vida,
y por no haberte visto
¡ qué no daría !

8. Todos los hombres son malos,
lo digo como lo siento.
Si alguna me está escuchando
me dirá que yo no miento.

Sebastián May

La liebre y el galápago

Sacaba la liebre burla del galápago; y como le veía
mover tan pesado, preguntábale si tenía los pies de
plomo. El galápago, venido a enojarse, la desafió
a correr. Pusieron apuestas muy buenas, señalaron
el trecho de la corrida, y sin perder punto comenzó
el galápago su carrera; del cual hizo la liebre tan
poco caso, y en tanta manera la despreció, que re-
costada en tierra esperaba que su contrario llegase
a tres o cuatro pasos del trecho señalado, preten-
diendo que aun así le había de ganar. Pero fue tanto su descuido que la venció el sueño, y cuando
recordó, halló que habiendo ya el galápago salido
con su empresa, le habían los jueces dado las apuestas, que juntamente con la honra ella por su pere-
za había perdido.
      Hacienda y honra ganarás obrando,
      y no con presumir emperezando.

7. Dich allzeit zu sehen,
dafür gäb ich mein Leben,
dich nie erblickt zu haben,
was gäb ich nicht dafür!

8. Alle Männer sind schlecht,
ich sage, was ich fühle,
wenn eine Frau mich hört,
sagt sie, dass ich nicht lüge.

Sebastián May (aus «Fabulario», 1613, Spanien)

Der Hase und die Schildkröte

Der Hase machte sich lustig über die Schildkröte; weil sie
sich so schwerfällig bewegte, fragte er sie, ob sie Bleifüße
habe. Die Schildkröte wurde zornig und forderte ihn zum
Wettlauf heraus. Sie setzten eine hohe Summe aus, steck-
ten die Laufstrecke ab, und die Schildkröte machte sich unverzüglich auf den Weg. Das kümmerte den Hasen wenig;
so tief war seine Verachtung, dass er sich hinlegte, um zu
warten, bis seine Gegenspielerin drei oder vier Schritte vor
dem Ziel anlangte, denn er prahlte, er werde sie auch so be-
siegen. So sorglos nahm er die Sache, dass ihn der Schlaf
überkam, doch beim Erwachen musste er feststellen, dass
die Schildkröte das Ziel erreicht und den Preis von den
Schiedsrichtern bereits bekommen hatte. Der Hase aber
hatte wegen seiner Faulheit außer der Wette auch seine
Ehre verloren.
Willst du Güter und Ehre gewinnen,
statt prahlen und schlafen musst du das Werk beginnen.

Juan de Arguijo

Señoría

Dijéronle a la duquesa de Feria, vieja, que una
señora pretendía que la llamasen por fuerza
señoría, y que estaba resuelta de no llamárselo
a la duquesa si no se lo llamaba. Respondió dis-
cretamente:
– Si yo la llamo señoría, será una gran necedad
mía, y si ella no me lo llama, será una gran necedad suya. Pues si una de las dos ha de hacer esta
necedad, mejor que la haga ella antes que yo.

Gonzalo Correas Iñigo

El loco avisado

Un loco había en Chinchilla, lugar cerca de Cuenca, que, persuadido de holgazanes, llevaba un
palo debajo de la falda, y, en viniendo algún fo-
rastero, se llegaba a él con disimulación pregun-
tándole de donde era y a qué venía; le daba tres
o cuatro palos, con lo que los otros se reían, y
luego lo apaciguaban, con la excusa de ser loco.
Llegó un manchego, y tuvo noticia en la posada
de lo que hacía el loco, y prevínose de un palo,
acomodado debajo de su capa, y fuése a la plaza
a lo que había menester. Llegóse el loco, y ade-
lantóse el manchego, y dióle muy buenos palos,
con lo que le hizo ir huyendo, dando voces y
diciendo:
– ¡Gente, cuidado, que otro loco hay en Chinchilla!»

46

Juan de Arguijo (1564?–1628?, Spanien)

Hoheit

Die Herzogin von Feria war schon alt, als ihr berichtet wurde, eine Dame verlange, mit ‹Hoheit› angeredet zu werden und sei entschlossen, die Herzogin nur so anzureden, wenn diese es auch tue. Worauf die Herzogin klug antwortete:

«Wenn ich sie mit ‹Hoheit› anrede, ist es eine große Dummheit von mir, – wenn sie es nicht tut, ist es eine große Dummheit von ihr. Wenn jemand von uns beiden eine solche Dummheit begehen soll, ist es besser, sie begeht sie, anstatt dass ich sie begehe.»

Gonzalo Correas Iñigo (1571–1631, Spanien)

Der überlistete Narr

Ein Narr in Chinchilla, einem Dorf in der Nähe von Cuenca, ließ sich von einer Bande Tagedieben überreden, einen Stock unter seinem Wams zu verstecken, wenn er ausging. Kam ein Fremder des Wegs, fragte er ihn wie nebenbei, woher er sei und was er hier wolle, und sogleich versetzte er ihm ein paar Stockhiebe; die andern lachten und beruhigten den Fremden mit der Ausrede, ihr Freund sei eben nicht bei Sinnen. Einmal kam ein Reisender aus der Mancha und erfuhr in der Herberge, was der Verrückte tat; er versah sich mit einem Stock, versteckte ihn unter dem Überwurf und ging zum Dorfplatz, um seine Geschäfte zu erledigen. Da näherte sich auch schon der Verrückte, aber der Manchego kam ihm zuvor und versetzte ihm eine Tracht Prügel, worauf jener schreiend davonrannte:

«Leute, aufgepasst, es ist noch ein Verrückter in Chinchilla.»

Juan de Timoneda

El hombre a quien faltó dinero y sobró vida

Un resabido de hombre, hallándose con gruesa cantidad de dineros, hizo su cuenta, diciendo ansí:

– Yo ya soy hombre en días, que puedo vivir en esta vida diez o doce años; dejar quiero el oficio y comer cada día buenas viandas.

Dicho y hecho. Prosiguiendo su opinión, sobráronle los años, faltándole los dineros, por lo que tuvo necesidad de ir a pedir por Dios, y pidiendo decía:

– Señores, ayudad a este pobre hombre que ha errado la cuenta y le sobra la vida.

Fernán Caballero

El alcaraván

Era vez y vez una paloma que tenía su nido en la altura de un árbol y se consideraba feliz con sus hijitos gozando de la paz y sosiego de los campos.

Pasó un día por allí un zorro y al verla se paró a saludarla diciéndole que se alegraba tanto de haberla encontrado en aquella soledad, donde nada le faltaba para ella y sus polluelos, cuando los tiempos eran tan malos que apenas hallaban que comer los animales.

Manifestóle en seguida que padecía gran necesidad, pues había ya dos días que no probaba comida alguna y no tenía fuerzas para continuar su camino. Rogóle, por último, que lo socorriese aunque

Juan de Timoneda (aus «Portacuentas» 1564, Spanien)

Der Mann, dem das Geld ausging und Lebensjahre blieben

Ein Neunmalkluger sah sich im Besitz einer großen Geld-
summe, machte seine Rechnung und sagte sich:
«Ich bin schon ziemlich alt und werde noch etwa zehn
oder zwölf Jahre zu leben haben. Ich gebe mein Gewerbe
auf und gönne mir jeden Tag gutes Essen.»
Gesagt, getan. Er lebte nach seinen Vorstellungen, allmählich ging ihm das Geld aus, doch es blieben ihm noch
Lebensjahre übrig, weshalb er große Not litt und um Almosen betteln musste. Dabei sagte er dann:
«Liebe Leute, helft mir armem Mann, ich habe falsch
gerechnet, denn ich habe noch Lebensjahre übrig.»

Fernán Caballero (1796–1877, Spanien)

Der Regenpfeifer

Es war einmal eine Taube, die hatte ihr Nest zuoberst auf
einem Baum, sie fühlte sich glücklich mit ihren Jungen
und genoss den Frieden und die Ruhe auf dem Land.
Eines Tages kam ein Fuchs vorbei, und als er sie sah,
blieb er stehen, um sie zu begrüßen; er sagte zu ihr, wie
sehr er sich freue, ihr in dieser Einsamkeit zu begegnen,
wo es ihr und ihren Jungen an nichts mangle, obwohl die
Zeiten so schlecht seien und die Tiere kaum etwas zu fres-
sen fänden.
Er eröffnete ihr auch gleich, dass er große Not leide,
denn schon zwei Tage lang habe er überhaupt nichts mehr
gefressen und sei zu schwach, um seinen Weg fortzusetzen.
Schließlich bat er sie, ihm doch zu helfen, auch wenn es

no fuera más que con un par de sus palominos y le viviría agradecido para siempre.

Temiendo la paloma una embestida brusca del enemigo, consternada y llena de miedo, se disponía, muy a pesar suyo, a satisfacer tan cruel exigencia. Pero acertó a pasar en aquel momento un alcaraván, y enterándose de lo que ocurría, se compadeció de la paloma y le aconsejó que no le diese nada al zorro, porque el árbol estaba muy alto y no podía subir de ningún modo adonde ella tenía su nido.

Animóse la paloma con aquellas palabras y rehusó dar al zorro lo que le pedía, exponiéndole la razón de que no era posible que una madre entregase a sus hijos a la muerte. El zorro le preguntó que quién le había dado aquel consejo, y le respondió con la mayor sencillez que el alcaraván.

Entonces el zorro le dirigió a aquél la palabra alabando su sabiduría, y después de varias preguntas sobre el modo que tenía de vivir y en lo que se ocupaba desde que amanecía, recayó por último la conversación en la manera que acostumbraba a dormir.

Respondióle candorosamente el alcaraván que metía la cabeza debajo de las alas y al poco tiempo se quedaba dormido. Instóle el zorro para que lo hiciese entonces al vivo y enterarse mejor. Al tratar de complacerlo escondió la cabeza bajo sus alas y al punto se abalanzó a él con tal violencia que lo mató en el acto y lo devoró, huyendo precipitadamente de aquel sitio, temeroso de que pudiera acudir quien vengase tan alevosa muerte y dejando a la paloma contenta y tranquila, libre de sus asechanzas. Y de este hecho proviene el refrán:

Alcaraván zancudo,
para otros consejos y para sí ninguno.

nur mit zweien ihrer Täubchen sei, und er werde ihr seiner Lebtag dankbar sein.

Die Taube fürchtete einen plötzlichen Angriff ihres Feindes und schickte sich voller Angst und Entsetzen schweren Herzens an, die grausame Forderung zu erfüllen. Aber zufällig flog genau in diesem Augenblick ein Regenpfeifer vorbei, und als er erfuhr, was geschah, hatte er Mitleid mit der Taube und riet ihr, dem Fuchs nichts zu geben, denn der Baum sei sehr hoch und der Fuchs könne auf keinen Fall bis zu ihrem Nest hinauf klettern.

Die Taube wurde bei diesen Worten zuversichtlich und weigerte sich, dem Fuchs zu geben, was er begehrte, mit der Begründung, eine Mutter könne unmöglich ihre Jungen dem Tod ausliefern. Der Fuchs fragte sie, wer ihr diesen Rat gegeben habe, und sie antwortete in aller Selbstverständlichkeit: der Regenpfeifer.

Darauf richtete der Fuchs das Wort an ihn, rühmte seine Weisheit, fragte ihn dies und jenes über seine Lebensweise, wollte wissen, was er seit Tagesanbruch so getrieben habe, und schließlich fiel das Gespräch auf seine Schlafgewohnheiten.

Arglos antwortete der Regenpfeifer, er stecke den Kopf unter die Flügel und schlafe kurz darauf ein. Der Fuchs drängte, er möchte es ihm doch vormachen, damit er es besser verstehe. Um ihm zu Gefallen zu sein, versteckte der Regenpfeifer seinen Kopf unter den Flügeln, sofort stürzte sich der Fuchs ungestüm auf ihn, tötete ihn mit dem ersten Biss, verschlang ihn und machte sich eilends davon aus Furcht, es könnte jemand auftauchen, diesen hinterlistigen Anschlag zu rächen; er ließ die Taube in Ruhe, und sie blieb unbehelligt vor seinen Drohungen. Von diesem Vorfall stammt das Sprichwort:

«Regenpfeifer mit den langen Beinen,
hat für andere Rat, und für sich keinen.»

Rosario Castellanos

Toda la primavera
ha venido a mi casa
en una flor pequeña
sólo flor y fragancia.

Yo rondo este perfume
como una enamorada,
voy y vengo buscando
loores, alabanzas.

Con el amor me crece
la ola de nostalgia.
¡ Cómo serán los campos
en donde fue cortada !

Julio Torri

Xenia

Una vez hubo un hombre que escribía acerca de
todas las cosas; nada en el universo escapó a su
terrible pluma, ni los rumbos de la rosa náutica y
la vocación de los jóvenes, ni las edades del hombre y las estaciones del año, ni las manchas del sol
y el valor de la irreverencia en la crítica literaria.
    Su vida giró alrededor de este pensamiento:
« Cuando muera se dirá que fui un genio, que
pude escribir sobre todas las cosas. Se me citará
– como a Goethe mismo – a propósito de todos
los asuntos ».

Rosario Castellanos (1925–1974, Mexiko)

Der ganze Frühling
ist zu mir ins Haus gekommen
in einer kleinen Blume
nichts als Blüte und Duft.

Ich umkreise den Wohlgeruch
wie eine Verliebte,
gehe hin und her und suche
Lob und Huldigung.

Mit der Liebe wächst in mir
die Welle der Wehmut:
wie sehen die Felder wohl aus,
wo man sie schnitt!

Julio Torri (1889–1970, Mexiko)

Gastgeschenk

Es war einmal ein Mann, der schrieb über alles und jedes:
nichts im Weltall entging seiner schrecklichen Feder, weder
ein Strich auf der Windrose noch die Wunschziele junger
Leute, weder die Lebensalter der Menschen noch die Jahres-
zeiten, weder die Sonnenflecken noch die Bedeutung der
Respektlosigkeit in der Literaturkritik.
    Sein Leben drehte sich ausschließlich um den einen
Gedanken: «Wenn ich dann gestorben bin, wird man von
mir sagen, ich sei ein Genie gewesen und habe über alles
schreiben können. Man wird mich – ganz so wie Goethe –
zu allen Themen zitieren können.»

Sin embargo, en sus funerales – que no fueron por cierto un brillante éxito social – nadie le comparó con Goethe. Hay además en su epitafio dos faltas de ortografía.

Antonio Machado

Sol de invierno

Es mediodía. Un parque.
Invierno. Blancas sendas:
simétricos montículos
y ramas esqueléticas.

Bajo el invernadero,
naranjos en maceta,
y en su tonel, pintado
de verde, la palmera.

Un viejecillo dice
para su capa vieja:
« ¡ El sol, esta hermosura
de sol... ! » Los niños juegan.

El agua de la fuente
resbala, corre y sueña
lamiendo, casi muda,
la verdinosa piedra.

Bei seiner Beerdigung – die übrigens gar kein glänzendes gesellschaftliches Ereignis war – verglich ihn trotzdem niemand mit Goethe. Noch dazu sind auf seinem Grabstein zwei Rechtschreibfehler.

Antonio Machado (1875–1939, Spanien)

Wintersonne

Es ist Mittag. Ein Park.
Winter. Weiße Pfade;
Wälle zu beiden Seiten
und die Äste Totengerippe.

Im Wintergarten,
Orangenbäume in Töpfen,
und in ihrem Fass, grün
bemalt, die Palme.

Da sagt ein alter Mann
in seinen alten Umhang hinein:
« Die Sonne, die fürstliche Pracht
der Sonne… ! » Die Kinder spielen.

Das Wasser des Bächleins
rieselt, rinnt, leckt
träumend, fast stumm,
den moosgrünen Stein.

Julio Torri

La humildad premiada

En una Universidad poco renombrada había un profesor pequeño de cuerpo, rubicundo, tartamudo, que como carecía por completo de ideas propias era muy estimado en sociedad y tenía ante sí brillante porvenir en la crítica literaria.

Lo que leía en los libros lo ofrecía trasnochado a sus discípulos la mañana siguiente. Tan inaudita facultad de repetir con exactitud constituía la desesperación de los más consumados constructores de máquinas parlantes.

Y así transcurrieron largos años hasta que un día, en fuerza de repetir ideas ajenas, nuestro profesor tuvo una propia, una pequeña idea propia luciente y bella como un pececito rojo tras el irisado cristal de una pecera.

Augusto Monterroso (1921, Guatemala)

Imaginación y destino

En la calurosa tarde de verano un hombre descansa acostado, viendo al cielo, bajo un árbol; una manzana cae sobre su cabeza; tiene imaginación, se va a su casa y escribe la *Oda a Eva.*

En la calurosa tarde de verano un hombre descansa acostado, viendo al cielo, bajo un árbol; una manzana cae sobre su cabeza; tiene imaginación, se va a su casa y establece la Ley de la Gravitación Universal.

Julio Torri (1889–1970, Mexiko)

Belohnte Bescheidenheit

An einer Universität ohne besonderen Ruf wirkte ein stotternder rothaariger Professor von kleiner Gestalt, dem es gänzlich an eigenen Ideen mangelte, und darum war er in der Gesellschaft beliebt und hatte in der Literaturkritik eine glänzende Zukunft vor sich.

Was er in den Büchern las, legte er am andern Morgen übernächtig seinen Studenten vor. Eine so unerhörte Fähigkeit zur haargenauen Wiedergabe brachte auch die ausgekochtesten Erfinder sprechender Maschinen zur Verzweiflung.

So vergingen lange Jahre, bis unser Professor vor lauter Wiederkäuen fremder Ideen eines Tages eine eigene hatte, eine winzig kleine eigene Idee, und sie leuchtete so schön in allen Regenbogenfarben wie ein rotes Goldfischlein hinter dem Glas eines Aquariums.

Augusto Monterroso (1921, Guatemala)

Fantasie und Schicksal

An einem heißen Sommernachmittag liegt ein Mann unter einem Baum, schaut in den Himmel hinauf und ruht aus; ein Apfel fällt ihm auf den Kopf; er hat Fantasie, geht nach Hause und schreibt die ‹Ode an Eva›.

An einem heißen Sommernachmittag liegt ein Mann unter einem Baum, schaut in den Himmel hinauf und ruht aus; ein Apfel fällt ihm auf den Kopf; er hat Fantasie, geht nach Hause und verfasst das Allgemeine Gesetz der Schwerkraft.

En la calurosa tarde de verano un hombre descansa acostado, viendo al cielo, bajo un árbol; una manzana cae sobre su cabeza; tiene imaginación, observa que el árbol no es un manzano sino una encina y descubre, oculto entre las ramas, al muchacho travieso del pueblo que se entretiene arrojando manzanas a los señores que descansan bajo los árboles, viendo al cielo, en las calurosas tardes del verano.

El primero era, o se convierte entonces para siempre en el poeta sir James Calisher; el segundo era, o se convierte entonces para siempre en el físico sir Isaac Newton; el tercero pudo ser o convertirse entonces para siempre en el novelista sir Arthur Conan Doyle; pero se convierte, o lo era ya irremediablemente desde niño, en el Jefe de la Policía de San Blas, S. B.

Un padre para cien hijos,
y no cien hijos para un padre.

Ein Vater ernährt hundert Söhne,
aber nicht hundert Söhne einen Vater.

58

An einem heißen Sommernachmittag liegt ein Mann unter einem Baum, schaut in den Himmel hinauf und ruht aus; ein Apfel fällt ihm auf den Kopf; er hat Fantasie, stellt fest, dass es kein Apfelbaum ist, sondern eine Eiche, und entdeckt im Geäst versteckt einen kecken Dorfjungen, der zu seinem Vergnügen Äpfel auf die Männer hinunter wirft, die an heißen Sommertagen daliegen, in den Himmel hinaufschauen und ausruhen.

Der erste war oder ist damals für immer der Dichter James Calisher geworden; der zweite war oder ist damals für immer der Physiker Sir Isaac Newton geworden; der dritte hätte der Romanautor Sir Arthur Conan Doyle sein oder damals für immer werden können; aber er wurde oder war es schon schicksalhaft seit seinen Kindertagen: Polizeichef von San Blas, S. B.

Augusto Monterroso

El Paraíso imperfecto

– Es cierto – dijo melancólicamente el hombre, sin
quitar la vista de las llamas que ardían en la chime-
nea aquella noche de invierno –; en el Paraíso hay
amigos, música, algunos libros; lo único malo de
irse al Cielo es que allí el cielo no se ve.

Romance

Amor más poderoso que la Muerte.

Conde Niño por amores
es niño y pasó la mar;
va a dar agua a su caballo
la mañana de San Juan.
Mientras el caballo bebe
él canta dulce cantar;
todas las aves del cielo
se paraban a escuchar,
caminante que camina
olvida su caminar,
navegante que navega
la nave vuelve hacia allá.
    La reina estaba labrando,
la hija durmiendo está :
– Leventaos, Albaniña,
de vuestro dulce folgar,
sentiréis cantar hermoso
la sirenita del mar.

Augusto Monterroso (1921, Guatemala)

Das unvollkommene Paradies

«Es ist wahr», sagte der Mann niedergeschlagen, ohne von
den Flammen aufzuschauen, die an dem Winterabend im
Kamin loderten, «im Paradies gibt es Freunde, Musik, auch
Bücher; schlimm ist nur, wenn wir in den Himmel kommen, dass wir dort den Himmel nicht sehen.

Romanze

Liebe mächtiger als der Tod

Graf Niño aus Liebe
ist ein Kind und kam übers Meer.
Er führt sein Pferd zur Tränke
frühmorgens am Johannistag.
Solang das Pferd sich labt,
singt er sein süßes Lied.
Alle Vögel des Himmels
lauschten ihm still,
der Wanderer auf dem Weg
vergisst weiterzugehen,
der Schiffer auf dem Meer
wendet das Schiff zu ihm hin.
   Die Königin saß noch beim Sticken,
die Tochter ist schon im Bett:
«Steht auf, Albaniña,*
aus Eurem erquickenden Schlaf,
und hört die kleine Sirene
mit ihrem betörenden Lied.»

– No es la sirenita, madre,
la de tan bello cantar,
sino es el Conde Niño
que por mí quiere finar.
¡ Quién le pudiese valer
en su tan triste penar !
– Si por tus amores pena,
¡ oh, malhaya su cantar !,
y porque nunca los goce
yo le mandaré matar.
– Si le manda matar, madre,
juntos nos han de enterrar.

El murió a la media noche,
ella a los gallos cantar;
a ella como hija de reyes
la entierran en el altar,
a él como hijo de conde
unos pasos más atrás.
De ella nació un rosal blanco,
dél nació un espino albar;
crece el uno, crece el otro,
los dos se van a juntar;
las ramitas que se alcanzan
fuertes abrazos se dan,
y las que no se alcanzaban
no dejan de suspirar.

La reina llena de envidia
ambos los dos mandó cortar;
el galán que los cortaba
no cesaba de llorar.
De ella naciera una garza,
de él un fuerte gavilán;
juntos vuelan por el cielo,
juntos vuelan par a par.

«Mutter, es ist keine Sirene,
die hier so wunderschön singt,
Graf Niño will aus Liebe zu mir
sein Leben hier beenden.
Ach, wer ihm beistehen könnte,
in seiner Trauer und Not!»
«Wenn deine Liebe ihn peinigt,
verwünsche ich seinen Gesang,
damit er sie niemals genieße,
stirbt er auf meinen Befehl.»
«Befehlt ihr zu töten ihn, Mutter,
wird sein Grab das meine sein.»
Er starb um Mitternacht,
sie starb beim Hahnenschrei;
ihr Grab als Tochter des Königs,
ist nahe dem Altar,
das seine als Sohn eines Grafen
ein paar Schritte weiter zurück.
Ein Strauch weißer Rosen wuchs aus ihr,
aus ihm ein Weißdornbusch;
ihr Strauch wird groß, seiner auch,
sie wachsen aufeinander zu;
Zweige, die sich begegnen,
zu süßer Umarmung sich nahn;
die sich nicht erreichen jedoch,
in leidvollen Seufzern zergehn.
Die Königin in ihrem Neid,
abzuschneiden befiehlt nun die zwei;
der Jüngling, der sie schnitt,
in heißen Tränen zerfloss.
Aus *ihr* entstieg eine Moorweihe,
aus *ihm* ein kühner Sperber;
vereint sind sie am Himmel
und fliegen auf gleicher Bahn.

Juan Rufo

Apotegmas

I. Contaba un gran mentiroso una novedad, y
daba por autor a otro que también lo era, y así,
causó el oírla más risa que crédito en alguno, que
dijo: «Oh, hi de puta, y qué bien se pone este
negocio para ser verdad, dicho por vos y siendo
el autor fulano!» Respondió: «Por eso mismo
se puede tener por cierto; porque así como dos
negaciones afirman, dos mentirosos dirán una
verdad; el uno contándolo al revés de como sucedió, y el otro repitiéndolo al revés de como se
lo dijeron.»

II. A un gran amigo suyo que le escribió desde
lejos encargándole un secreto de mucha impor-
tancia que le había antes descubierto, respondió:
«Jamás supe secreto vuestro; y, si alguno me
fiastes, ya os lo pagué con no acordarme de él.»

III. Preguntado qué cosa era más pesada que el
oro, respondió: «No tenerlo.»

IV. Tomó un soldado en la mano un panecillo muy
duro y dijo: «Juro a tal que me atreviera a matar
con este canto a un hombre.» Y tomándosele de
la mano, respondió: «Y yo a dar la vida con este
buñuelo a uno con hambre.»

V. Un hombre mozo traía una cadena de alqui-
mia, que era lo más a que su caudal se extendía,
y, apurándole en que era falsa, dijo que era de

Juan Rufo (1546? – nach 1620, Spanien)

Gedankensplitter

I. Ein großer Lügner erzählte eine Neuigkeit und gab an,
sie stamme von einem, der ebenfalls ein großer Lügner sei.
Deshalb reizte sie einen der Zuhörer mehr zum Lachen, als
dass sie Glaubwürdigkeit bewirkte, und er sagte zu ihm:
«Hurensohn! Wie soll dieser Fall wahr sein, wenn Ihr ihn
erzählt und er von Soundso stammt!» Er antwortete:
«Genau deshalb kann man das für wahr halten; so wie eine
doppelte Verneinung zur Bejahung wird, so sagen zwei
Lügner etwas Wahres: der eine erzählt alles umgekehrt,
als wie es geschehen ist, und der andere gibt es umgekehrt
weiter, als wie er es gehört hat.»

II. Einem Freund, der ihn von weit her brieflich um ein
wichtiges Geheimnis anging, das er ihm einst anvertraut
hatte, antwortete er: «Nie habe ich von Euch ein Geheimnis
erfahren; wenn Ihr mir eines anvertraut habt, so habe ich
es Euch dadurch vergolten, dass ich es nicht mehr weiß.»

III. Auf die Frage, was schwerer sei als Gold, antwortete er:
«Keines zu haben.»

IV. Ein Soldat nahm ein steinhartes Brötchen in die Hand
und sagte: «Ich schwöre beim..., mit diesem Klotz traue ich
mir zu, einen Mann umzubringen.» Jemand nahm es ihm
aus der Hand und sagte: «Und ich..., mit diesem Festge-
bäck einem Hungrigen das Leben zu retten.»

V. Ein junger Mann trug eine Kette aus Falschgold – zu
mehr reichte sein Geld nicht aus – aber da er sich schämte,
dass sie nicht echt war, sagte er, sie sei aus Gold, aber sie

oro, y que no era suya. Respondió, volviéndose a
un caballero que estaba presente: «El quiere probar
con una mentira otra; porque ella es suya, y no es
de oro.»

VI. Dijo que teñirse las canas es como representar
con barba postiza.

VII. Dio en soldado cierto marido por dejar a su
mujer, la cual era fama que aborrecía de muerte,
y así le dijo viéndole partir: «¿Cómo será buen
soldado el que huye de una mujer?»

Manuel Vargas

Un escritor puro

Había una vez un escritor con muchos libros en su
haber pero todos inéditos. Publicar por su cuenta
le parecía rebajarse a imprentero o a comerciante.
Publicar a través de una editorial hubiera sido
permitir el robo a costa de su arte. Era un escritor
con orgullo y sentido de la justicia.

Como no publicaba, no era reconocido en su país.
Sin embargo fundó una asociación de escritores,
de la cual fue su presidente, y comenzó a buscar
contactos en el exterior. Consiguió algunos viajes
y muchas enemistades en los medios artísticos
provincianos.

Un día visitó las oficinas de cultura de su país y
fue recibido por la principal autoridad. ¿Publicar
sus obras? Bueno, mire… Mañana tenemos una
reunión para tratar el tema del presupuesto, qué tal

gehöre ihm nicht. Jemand, der das hörte, wandte sich an einen Herrn neben ihm und antwortete: «Er will mit einer Lüge eine andere rechtfertigen, denn die Kette gehört ihm zwar, aber sie ist nicht aus Gold.»

VI. Er sagte, graue Haare färben sei wie ein öffentlicher Auftritt mit aufgeklebtem Bart.

VII. Ein Ehemann gedachte Soldat zu werden, um seine Frau verlassen zu können; es hieß, dass er sie verabscheute wie den Tod. Als er aufbrach, sagte jemand zu ihm: «Wie kann einer ein guter Soldat werden, der vor einer Frau flieht?»

Manuel Vargas (1952, Bolivien)

Reine Dichtung

Es war einmal ein Dichter, dessen Werk schon viele Bände umfasste, aber nichts davon war veröffentlicht. Sie im Eigenverlag herauszugeben wäre ihm wie eine Selbsterniedrigung zum Buchdrucker oder -händler vorgekommen. Sie in einem Verlag zu veröffentlichen hätte für ihn die Zustimmung zum Raubzug auf seine Kunst bedeutet. Er hatte seinen Dichterstolz und seinen Gerechtigkeitssinn.

Weil er nicht publizierte, war er in seinem Land nicht bekannt. Trotzdem gründete er eine Schriftstellervereinigung, deren Vorsitzender er war, und versuchte zu Auslandverbindungen zu kommen. Er brachte es zu einigen Reisen und vielen Feindschaften in Künstlerkreisen der Provinz.

Einmal suchte er das Amt für Kultur in seinem Land auf und wurde vom obersten Verantwortlichen empfangen: «Ihre Werke herausgeben? Nun, sehen Sie... Morgen haben wir eine Sitzung, wo der Voranschlag behandelt wird;

si la próxima semana... Los trámites y las tratativas duraron semanas, meses, años, hasta que le fue negada la entrada a las oficinas de la cultura. El siguió trabajando en su gabinete y con sus contactos en el exterior.

En la más alta casilla de un estante barroco, seguían sus originales, empastados y forrados. Su obra completa ya llegaba a los tres tomos, los pocos privilegiados que tuvieron acceso a su gabinete apenas lograron ver los hermosos lomos con letras doradas: Obras completas y el nombre del autor.

Como todas las penas acaban en este mundo, el escritor murió. Creció su leyenda. Llegó una fundación cultural del exterior. Estaban interesados en publicar la obra completa de nuestro autor. Sí, dijeron las autoridades de la cultura oficial. Era un genio incomprendido: nunca quiso que publicáramos sus libros. ¡Ha llegado el momento de hacerle justicia!

Fueron donde la viuda, pero ella no quiso abrirles el gabinete... Primero quería asegurarse de un pago justo. Llegaron a un acuerdo. Las autoridades de la cultura hicieron un proyecto de edición y la fundación extranjera desembolsó el dinero. Se firmó y entregó el cheque. Bajaron del estante los tres tomos: Obras completas y el nombre del autor.

En las oficinas de la cultura, la principal autoridad, bajo la ansiosa mirada de los extranjeros, procedió a levantar la tapa del primer tomo, luego del segundo y del tercero: Las hojas, olorosas, perfectamente cosidas al lomo, eran finas, puras, y no tenían una sóla mancha ni letra alguna reconocible.

wie wäre es, wenn Sie nächste Woche...» Die Verhandlungen und Auseinandersetzungen dauerten Wochen, Monate, Jahre, bis ihm schließlich der Zugang zum Amt für Kultur verweigert wurde. Er arbeitete im stillen Kämmerlein weiter und pflegte seine Auslandsbeziehungen.

Im obersten Fach eines barocken Bücherschrankes lagen seine Originale in gepolsterten Einbänden. Seine gesammelten Werke umfassten bereits drei Bände. Die wenigen Auserwählten, die Zugang zu seinem Kabinett hatten, erblickten nur die schönen Buchrücken mit der Goldschrift: «Gesammelte Werke» und den Namen des Verfassers.

Wie alles Elend dieser Welt einmal ein Ende hat – der Dichter starb. Er wurde immer mehr zur Legende. Aus dem Ausland meldete sich eine Kulturstiftung. Sie bekundete ihre Absicht, die gesammelten Werke unseres Verfassers herauszugeben. «Ja», sagten die Kulturbeauftragten; «er war ein verkanntes Genie, willigte nie ein, dass wir seine Bücher veröffentlichen. Nun ist die Zeit gekommen, ihm Gerechtigkeit widerfahren zu lassen!»

Sie gingen zu seiner Witwe, aber diese wollte für sie das Kabinett nicht öffnen... Zuerst sollten sie ihr eine angemessene Bezahlung zusichern. Man wurde handelseinig. Die Kulturbehörden legten einen Herausgabeplan vor, und die ausländische Stiftung zückte das Geld. Der Vertrag wurde unterschrieben und der Scheck überreicht. Die drei Bände wurden aus dem Schrank geholt: «Gesammelte Werke» und der Name des Verfassers.

In den Räumen des Kulturamtes vollzog der oberste Vorsitzende unter den erwartungsvollen Blicken der Ausländer die Öffnung des ersten Bandes, dann des zweiten und schließlich des dritten: die wohlriechenden Blätter aus feinem, reinweißem Papier waren mustergültig von Hand eingebunden, ließen aber nirgends einen Fleck oder die Spur eines Buchstabens erkennen.

Nicolás Suescún

El retorno de Drácula

Es cierto. Se fue y dejó de venir durante muchos años. Los niños crecieron. Mire lo grandes que están: ya todos tienen gafas y van a la universidad.

Ellos no lo reconocieron. Pero entre él y yo las cosas pasaron como si no se hubiera ido nunca. El mismo día que volvió nos dimos cuenta. No había cambiado nada. A los dos minutos estábamos donde mismo habíamos empezado, cuando nos casamos, hace ya tanto tiempo.

El me dijo que no quería sangre para la comida. Yo le dije que no había nada más.

Miguel Bravo Tedín

El llamado de la montaña

Una mañana temprano la montaña comenzó a lanzar pequeños gritos.

Los pájaros se asustaron, algunas vacas dejaron de rumiar, miraron hacia la montaña un poco sorprendidas y siguieron comiendo. La naturaleza retomó su ritmo. Y los animales siguieron comiendo y corriendo. Pero la montaña persistió en sus gritos. Al día siguiente unos gritos más fuertes sorprendieron a vacas y animales. Y hasta un campesino se sorprendió un poco. Levantó la cabeza, se

Nicolás Suescún (1937, Kolumbien)

Drácula ist wieder da

Es stimmt. Er verschwand und kam viele Jahre nicht
mehr. Die Kinder wuchsen heran. Schauen Sie, wie groß
sie sind! Alle tragen schon Brillen und gehen auf die
Universität.

Sie erkannten ihn nicht. Aber zwischen ihm und mir
verlief alles, wie wenn er überhaupt nie fort gewesen
wäre. Gleich am Tag seiner Rückkehr stellten wir das
fest. Es hatte sich gar nichts verändert. Schon nach zwei
Minuten waren wir wieder genau dort, wo wir ange-
fangen hatten, als wir heirateten – und das ist schon so
lange her.

Er sagte zu mir, er wolle kein Blut zum Mittagessen.
Ich sagte zu ihm, etwas anderes sei nicht da.

Miguel Bravo Tedín (ca. 1940, Argentinien)

Der schreiende Berg

Eines frühen Morgens begann der Berg dünne Schreie
auszustoßen.

Die Vögel erschraken, einige Kühe hörten auf wieder-
zukäuen, schauten ein wenig verdutzt zum Berg hin-
über und kauten dann weiter. Die Natur nahm wieder
ihren Lauf. Die Tiere fraßen und trabten umher. Aber
der Berg stieß beharrlich weitere Schreie aus. Am anderen Morgen erschreckten heftigere Schreie Kühe und
andere Tiere. Sogar ein Bauer schaute ein bisschen
erstaunt. Er hob den Kopf, nahm den Strohhut ab und

sacó el sombrero de paja y se rascó. Luego volvió a su tarea.

Lo más sorprendente no fue tanto que la montaña gritara sino que otras montañas siguieron el ejemplo y también, tímidamente al principio, como entonándose y dándose ánimo, lanzaron pequeños gritos. Y ya nadie, ni vaca, campesino, ni animales, se preocuparon.

Al tiempo, el grupo de montañas, mucho más animado, no solamente gritó, sino cantó. Actualmente es una gloria escuchar en los atardeceres cuando el sol se aleja lentamente, el hermoso coro de montañas cantando alborozadas.

Alvaro Mutis

Sueño del fraile

Transitaba por un corredor y al cruzar una puerta volvía a transitar el mismo corredor con algunos breves detalles que lo hacían distinto. Pensaba que el corredor anterior lo había soñado y que éste sí era real. Volvía a transponer una puerta y entraba a otro corredor con nuevos detalles que lo distinguían del anterior y entonces pensaba que aquél también era soñado y éste era real. Así sucesivamente cruzaba nuevas puertas que lo llevaban a corredores, cada uno de los cuales era para él, en el momento de transitarlo, el único existente. Ascendió brevemente a la vigilia y pensó: «También ésta puede ser una forma de rezar el rosario».

kratzte sich. Dann wandte er sich wieder seiner Arbeit
zu.

Das Erstaunlichste war eigentlich nicht, dass der Berg
schrie, sondern dass andere Berge seinem Beispiel folg-
ten und auch – anfänglich zaghaft, wie um sich einzu-
stimmen und gegenseitig zu ermutigen – dünne Schreie
ausstießen. Und niemand, weder Kuh, noch Bauer, noch
andere Tiere, kümmerte sich mehr darum.

Mit der Zeit wurde die Gebirgsgruppe ausgelassener,
sie begnügte sich nicht mehr mit Schreien, sie sang.
Gegenwärtig ist es eine wahre Freude, am Abend, wenn
die Sonne sich allmählich neigt, dem wunderschönen
Jubelgesang des Gebirgschores zuzuhören.

Alvaro Mutis (1923, Kolumbien)

Traum des Mönchs

Er durchschritt einen Flur, ging durch eine Türöffnung und
durchschritt nochmals den gleichen Flur, aber in einigen
Kleinigkeiten war er anders. Er dachte, er habe den vorigen
Flur geträumt, und dieser sei nun der wirkliche. Er ging
nochmals durch eine Türöffnung und kam wieder zu einem
Flur mit neuen Einzelheiten, die ihn vom vorigen unter-
schieden, und da dachte er, dass auch jener nur geträumt
und dieser nun wirklich war. Und so durchschritt er immer
wieder neue Türen, die zu immer wieder neuen Fluren
führten, und jeder davon war für ihn in der Zeitspanne, da
er ihn durchschritt, der einzig vorhandene. Er stieg kurz
zur Wache hinauf und dachte: «Auch auf diese Weise lässt
sich der Rosenkranz beten.»

Gustavo Adolfo Bécquer (1836-70, Spanien)

Rimas (LXIX)

Al brillar un relámpago nacemos,
y aún dura su fulgor cuando morimos;
¡ tan corto es el vivir !

La gloria y el amor tras que corremos,
sombras de un sueño son que perseguimos;
¡ despertar es morir !

A buey viejo, cencerro nuevo.

Einem alten Ochsen eine neue Schelle

Héctor Rojas Herazo

Un Agujero

Le pregunto al tendero gordo, con toda seriedad:
– ¿Usted es Dios, señor?
Y él me responde, mientras corta trocitos de
jamón, mientras mueren poco a poco sus ojos:
– No, no soy Dios, pero sí lo conozco.
– ¿Cómo es él? – le pregunto.
Y él me responde: – Es así.
Y me da su tamaño, su peso, sus medidas.

Gustavo Adolfo Bécquer (1836-70, Spanien)

Reime (LXIX)

Beim Aufleuchten eines Blitzes werden wir geboren
und sterben, bevor sein Glanz erlischt;
so kurz ist das Leben!

Dem Ruhm und der Liebe rennen wir nach,
Schatten eines Traumes nur verfolgen wir;
aufwachen ist sterben!

Héctor Rojas Herazo (1921, Kolumbien)

Ein Loch

Ich frage den dicken Ladeninhaber in allem Ernst: «Sind
Sie Gott, Señor?»
Er antwortet mir, während er Scheiben vom Schinken
schneidet, während seine Augen allmählich verlöschen:
«Nein, ich bin nicht Gott, aber ich kenne ihn, das schon.»
«Wie ist er?» frage ich ihn.
Er antwortet mir: «Er ist so.»
Und er gibt mir seine Größe an, sein Gewicht, seine Maße.

Karmele Saint-Martín

Bat

El Bat entró a formar parte de la familia cuando
aún no había abierto los ojos. Su nombre vasco –
bat quiere decir uno – iba seguido por el apellido
que llevábamos todos, pues los pequeños, con
muchas fatigas lo escribieron en el cuero de su collar. Nombre apellido y lugar de residencia, como
un individuo más de la casa.

Bat, quizá porque se sintiera un perro virtuoso,
había declarado la guerra al jugador profesional
del cuarto piso.

El hombre regentaba la timba de uno de los ca-
sinos. Era un tipo antipático, llevaba un bigote
muy poblado, sospechosamente negro, el sombrero inclinado hacia la izquierda, como cualquier
chulángano y caminaba haciendo molinetes con
su bastón de Malaca.

El vecino, a pesar de presumir de machote era
un cobardica y le tenía un miedo terrible al Bat. El
perro sabía perfectamente que le causaba pavor al
hombre, que era un blando, y abusaba de la situación. Los perros adivinan muchas cosas de las
personas... y se aprovechan de lo que saben.

Nosotros sabíamos también la incompatibilidad
que existía entre el chucho y el vecino, pero no
podíamos intervenir en una cuestión tan personal
como las simpatías o antipatías del Bat.

El vecino era trasnochador, como lo requería su
oficio, nuestro perro también lo era, por afición;
y ésta era la única afinidad entre el vecino del
cuarto y el vecino perruno del primero.

Karmele Saint-Martín (1895–1989, Spanien)

Bat

Bat wurde zum Familienmitglied, noch bevor er die Augen öffnen konnte. Auf seinen baskischen Namen (Bat bedeutet «eins») folgte der Familienname, den wir alle tragen, denn die Kleinen hatten ihn mit großer Sorgfalt auf das Leder seines Halsbandes geschrieben: Vornamen, Familiennamen und Adresse, wie bei jedem Familienmitglied.

Vielleicht weil sich Bat als tugendhafter Hund vorkam, hatte er dem Berufsspieler aus dem vierten Stock den Krieg angesagt.

Der Mann leitete ein Spielkasino. Er machte einen unangenehmen Eindruck, hatte einen dichten, verdächtig schwarzen Schnurrbart, trug den Hut schief auf der linken Seite wie ein Modenarr und ließ im Gehen sein Rohrstöcklein wie einen Propeller in der Luft kreisen.

Unser Wohnungsnachbar kam sich zwar sehr männlich und stark vor, aber er war ein Feigling und hatte schreckliche Angst vor Bat. Der Hund spürte natürlich ganz genau, dass er dem weichlichen Mann Furcht einflößte, und missbrauchte diesen Umstand. Hunde erraten ja sehr viel von den Menschen, und sie nützen ihr Wissen.

Auch wir wussten, dass Hündchen und Nachbar einander nicht leiden mochten, aber in eine so persönliche Angelegenheit wie Bats Freundschaften und Feindschaften wollten wir uns nicht einmischen.

Unser Nachbar war ein Nachtmensch, wie es sein Beruf erforderte, und unser Hund war ein Nachttier, wie es seiner Natur entsprach; das war die einzige Gemeinsamkeit zwischen dem Mieter aus dem vierten Stock und dem Hund aus dem ersten.

Nuestra puerta quedaba siempre, descuidadamente, sin cerrar. Eramos tantos en casa, sobre todo éramos tantos los niños que entrábamos y salíamos a cada momento, que fue ésta una sabia medida.

Además en casa había siempre poco dinero. Como no nos hubieran raptado a uno de nosotros (y joyas con dientes no las quiere nadie, como afirmaba Manuela) el ladrón tan sólo se hubiera podido llevar la «Historia del Padre Moret» en no sé cuantos tomos; un diccionario de la Lengua de Domínguez (el cual odiaba a la Real Academia) miles de libros sobre los más diversos temas, manoseados y ajados; la «Moda Elegante e Ilustrada» que una tía abuela guardaba como recuerdo de sus jóvenes tiempos y docenas de libros en francés. Total nada aprovechable para un caco que se respete.

Como la puerta quedaba abierta, el Bat aprovechaba esa circunstancia para entrar y salir a su antojo.

Por las noches, en las altas horas, se oían los pasos del jugador que volvía del casino resonando en el silencio absoluto de la Plazuela.

El perro que esperaba este ruido, abría la puerta empujándola con el morro y se agazapaba en la escalera.

El hombre empleaba mil ardides para que no le sintiera su enemigo, tales como llevar suelas de goma, recorrer la Plazuela, desde la esquina a la puerta de la calle andando de puntillas y abrir la puerta del portal con precauciones de Rafles.

Pero en cuanto ponía el pie en el primer escalón un gruñido amenazador lo paraba en seco.

El jugador maldecía por lo bajo: ¡ Maldito perro !

Aus Nachlässigkeit war unsere Wohnungstür nie abge-schlossen. Wir waren so viele Leute, und vor allem gingen dauernd so viele Kinder ein und aus, dass das eine weise Einrichtung war.

Außerdem war nie viel Geld im Haus. Ein Dieb hätte höchstens eines von uns Kindern rauben können (und wer will schon ein Kleinod mit Zähnen, wie Manuela es aus-drückte), und außerdem nur noch Bücher, zum Beispiel die Weltgeschichte von Padre Moret in vielen Bänden, oder das Wörterbuch von Domínguez (der die königliche Akademie der Sprache hasste), oder die «Elegante Mode in Bildern», die eine Großtante von mir zur Erinnerung an ihre Jugendjahre aufbewahrte, oder tausenderlei andere über die verschiedensten Themen, darunter Dutzende französische, aber alle waren abgenützt und hatten Esels-ohren. Also nichts, was einen Dieb, der etwas auf sich hält, hätte locken können.

Da die Wohnungstür also offen stand, ging Bat ein und aus, wie es ihm beliebte.

Wenn der Spieler zu später Nachtstunde heimkam, hörte man seine Schritte über das menschenleere, stille Plätzchen hallen.

Mit der Schnauze stieß nun der Hund, der schon lange auf dieses Geräusch gewartet hatte, die Wohnungstür auf und setzte sich auf die Treppe.

Der Spieler versuchte mit tausenderlei Listen zu ver-hüten, dass der Hund ihn hörte: er trug Schuhe mit Gummisohlen, ging auf den Zehenspitzen von der Ecke des kleinen Platzes bis zur Haustür und öffnete das Portal mit allergrößter Vorsicht.

Aber sobald er den Fuß auf die unterste Treppenstufe setzte, ertönte ein drohendes Knurren, und er blieb wie angewurzelt stehen.

Der Mann zischte wütend: «Du verfluchter Hund!»

Si pretendía afrontar la amenaza, blandiendo el bastón, el gruñido se convertía en un borboteo de rabia... y el jugador, asustado, se rajaba.

Continuaban con este juego – en el cual el banquero no llevaba ventaja alguna – hasta que la Manuela que iba a misa primera ponía fin a la chulería del perro.

El pobre hombre, tan cansado como si hubiera subido al Everest, lograba llegar a su piso.

El perrero tomó parte en la lucha porque el jugador le prometió:

– Veinte duros para ti si te haces con el chucho.

Algo debió olerse el perro, porque cada vez que deseaba salir de casa, venía a nosotros con la correa en la boca. Así salía a la calle sin riesgo para él.

Al cruzarse con el perrero que rondaba la casa, queriendo ganarse la propina, el perro sintiéndose amparado por nuestra presencia le dirigía miradas de divertida conmiseración.

Pero aún cuando tuvo que restringir su libertad, las noches siguieron perteneciéndole.

Hubo estricnina dentro de un magnífico trozo de carne. El perro lo olisqueó, y se apartó de él, desdeñándolo. Tenía un tufillo a bigote teñido...

Hubo pedradas dirigidas poco diestramente, contra él desde el cuarto piso; y un tiesto que « se cayó » del balcón del mismo piso le falló por muy poco.

Devolvímos pedrada por pedrada, lanzándolas contra el vecino malintencionado. Nuestros tiragomas fueron más efectivos y al sentirse tocado, el jugador danzaba sobre una pierna, haciendo el ridículo. El Bat no perdía paso de la danza,

Wenn der Spieler der Drohung trotzen wollte und sein Stöckchen schwang, wurde das Knurren immer wütender ... aber dann gab er verängstigt klein bei.

Es gelang dem Mann nicht, Oberhand in diesem Spiel zu gewinnen, und so dauerte der Schabernack des Hundes an, bis Manuela, die in die Frühmesse ging, ihm ein Ende bereitete.

Endlich konnte der arme Mann in seine Wohnung hinaufgehen, so müde, als hätte er den Everest erklettert.

Der Hundefänger war auch an dem Kampf beteiligt, denn der Spieler hatte ihm versprochen:

« Einen Hunderter für dich, wenn du den Köter einfängst ! »

Etwas musste der Hund gewittert haben, denn wenn er spazieren wollte, kam er immer mit der Leine im Maul daher. So konnte er ungefährdet auf die Straße gehen.

Wenn wir dem Hundefänger begegneten, der natürlich ums Haus strich, um sich das Trinkgeld zu verdienen, warf ihm der Hund mitleidig herablassende Blicke zu, so sicher fühlte er sich in unserer Gegenwart.

Aber wenn seine Freiheit tagsüber auch eingeschränkt war, so gehörten ihm doch immer noch die Nächte.

Einmal war Gift in einem prächtigen Brocken Fleisch. Der Hund witterte es, verschmähte den Fraß und ging weg. Wahrscheinlich roch es nach gefärbtem Schnurrbart...

Aus dem vierten Stock kamen Steine geflogen, aber sie waren schlecht gezielt; und einmal « fiel » ein Blumentopf vom Balkon des gleichen Stockwerks und verfehlte ihn nur knapp.

Für jeden Stein, den der Nachbar in böser Absicht uns nachwarf, warfen wir einen zurück. Unsere Gummischleudern hatten allerdings mehr Erfolg, und wenn sich der Spieler getroffen spürte, tanzte er auf einem Bein und sah ganz lächerlich aus. Bat ließ sich keinen einzigen «Tanz-

mirándolo apreciativamente, con señalado desprecio.

Hubo también una trampa para lobos que descubrimos a tiempo y confiscamos.

Nuestra réplica fue poner una cuerda cruzada en su escalera que le hizo darse un golpe, aunque sin consecuencias.

Un día se acabaron los raunds. El vecino perdió por abandono.

Se mandó mudar, como dicen los argentinos. Pero fue en el sentido literal de la frase, ya que se marchó con todos sus bártulos, su bigote teñido, su bastón de Malaca y una porción de kilos de menos. Creo que se fue a vivir al lado opuesto de la ciudad.

No volvimos a saber nada de él.

Nuestro Bat, a pesar de encontrarse a salvo de las asechanzas del perrero y de los golpes a traición del enemigo, no gozó con esta huída.

Desmejoró, dejó de trasnochar y la vida perdió alicientes para él.

No, nunca volvió a ser el perro de antes. Quizá por aquello de que «mientras vive el vencido, venciendo está el vencedor»...

Galgo que muchas liebres levanta,
ninguna mata.

Ein Hund, der viele Hasen aufscheucht,
tötet keinen.

schritt» entgehen, und man sah ihm seine Verachtung an, wenn er ihn beobachtete.

Einmal entdeckten wir noch rechtzeitig eine Wolfsfalle, und wir nahmen sie in Gewahrsam.

Als Antwort darauf spannten wir auf seiner Treppe eine Schnur, und er stolperte darüber, aber er tat sich nicht weh.

Eines Tages war das Spiel zu Ende. Der Nachbar gab sich geschlagen.

Er räumte das Feld, und das im wörtlichen Sinne, denn er zog – mit all seinen Habseligkeiten, seinem gefärbten Schnurrbart und seinem Rohrstöckchen und ein paar Kilo Körpergewicht weniger – ans andere Ende der Stadt, soviel ich weiß.

Wir haben nie mehr etwas von ihm erfahren.

Obwohl sich unser Bat nun vor den Nachstellungen des Hundefängers und den Anschlägen seines Feindes sicher fühlen konnte, genoss er diese Flucht keineswegs.

Es ging ihm merklich schlechter, er wachte nicht mehr in der Nacht, und das Leben hatte keinen Reiz mehr für ihn.

Nein, er war nicht mehr der gleiche Hund wie früher. Vielleicht traf auf ihn das Sprichwort zu: «Solange der Besiegte am Leben ist, kann der Sieger weiter siegen»...

Agustín Monsreal

Acto de amor a mansalva

Pienso que, al igual que Henri Barbusse, «soy
un hombre como los demás, siempre lamentablemente dispuesto a deslumbrarse con la primera mujer que ve». Y por estar pensando en esta
calamidad insalvable, me olvido de encender la
luz y me pongo a leer a obscuras, razón por la
cual no encuentro la cita de Ionesco que ando ras-
treando. Y por andar a tientas en la literatura y
en la vida me pasa lo que me pasa, es decir, que
la rata me encaja los dientes y se burla de mis
designios. Entonces, triste y abatido, escrupu-
losamente apesadumbrado, me comunico por
teléfono con Francina, una joven actriz que co-
nocí a principios de mes y con la que en definitiva no me arreglo en la cama, pero que es la única que por estos días me sabe sobrellevar. Nuestro diálogo es, palabras más, palabras menos,
el siguiente:
    – ¿Francina? Oye, fíjate que me mordió una
rata.
    – ¿Una rata? ¿Y qué estabas haciendo con una
rata?
    – Quería agarrarla.
    – ¿Y la agarraste?
    – No; se me fue.
    – Eres un inútil.
    – Es que me dio lástima cuando la toqué.
    – A mí me hubiera dado asco.
    – Es que tú eres muy asquerosa.
    – ¿Y era gris, siquiera?

Agustín Monsreal (1941, Mexiko)

Liebesakt aus sicherem Abstand

Ich denke genau gleich wie Henri Barbusse: «Ich bin ein Mann wie andere auch, leider immer bereit, mich von der erstbesten Frau blenden zu lassen, die mir begegnet.» In Gedanken an dieses unvermeidliche Unheil vergesse ich, das Licht anzuzünden, und fange im Dunkeln an zu lesen und finde deshalb das Jonesco-Zitat nicht, hinter dem ich schon den ganzen Tag lang her bin. Weil ich im Dunkeln tappe – in der Literatur wie im Leben – stößt mir eben alles Mögliche zu, das heißt, eine Ratte bohrt ihre Zähne in mein Fleisch und treibt ihren Spott mit meinen Plänen und Vorhaben. Betrübt und niedergeschlagen wende ich mich daraufhin voll Zweifel und Besorgnis telefonisch an meine neue Freundin Francina, eine junge Schauspielerin, die ich Anfang des Monats kennen gelernt habe und mit der es im Bett einfach nicht richtig klappt, aber sie ist dennoch die einzige, die mich in diesen Tagen über Wasser halten kann. Unser Gespräch verläuft – mehr oder weniger wörtlich – folgendermaßen:

«Francina? Hör zu, stell dir vor, eine Ratte hat mich gebissen.»

«Eine Ratte? Was hast du denn mit einer Ratte zu tun gehabt?»

«Ich wollte sie packen.»

«Und du hast sie gepackt?»

«Nein, sie ist mir entwischt.»

«Du taugst nichts.»

«Sie hat mir eben leid getan, als ich sie anrührte.»

«Mich hätte sie geekelt.»

«Dich ekelt es eben sehr leicht.»

«War sie wenigstens grau?»

– Tenía los dientes muy picuditos.

– Ahora te van a tener que poner veinte inyecciones en el estómago.

– ¿Tantas?

– Sí; para que no te dé la rabia.

– Pero si nada más me mordió en el dedo.

– No le hace. ¿En qué dedo?

– En el de en medio.

– ¿De qué mano?

– De la derecha, claro.

– Sí, claro. Y dicen que duelen mucho.

– ¿Las mordeduras?

– No; las inyecciones.

– Ah sí.

– ¿Cómo que ah sí? ¿No te da miedo?

– No sé. Nunca me han puesto una inyección.

– No te creo.

– Allá tú y tu cabeza de chorlito.

– ¿A qué hora te mordió?

– Como a las cuatro de la mañana.

– ¿Y qué hacías despierto a esa hora?

– No estaba despierto; estaba pensando en ti.

– Mentiroso. ¿Y ya fuiste a ver al médico?

– No; el médico sí me da asco, para que veas.

– A mí también; pero es necesario que vayas a verlo.

– ¿En serio es tan mala una mordedura de rata?

– En serio. ¿Tienes dinero?

– Como siempre.

– ¿Quieres que te acompañe?

– No; más vale solo.

– ¿Ya ves? Ya te empezó la rabia. Así que apúrate.

– Sí; ya voy. Después te llamo.

– Oye, espérate. ¿De veras te mordió una rata?

« Sie hatte sehr spitzige Zähnchen. »

« Jetzt muss man dir zwanzig Spritzen in den Magen machen. »

« So viele? »

« Ja, damit du nicht die Tollwut bekommst. »

« Aber sie hat mich ja nur in den Finger gebissen. »

« Gleichwohl. In welchen Finger? »

« In den Mittelfinger. »

« In welche Hand? »

« In die rechte natürlich. »

« Ja, natürlich. Sie sollen sehr weh tun. »

« Die Bisse? »

« Nein, die Spritzen. »

« A ja. »

« Was meinst du mit ‹ a ja ›? Hast du keine Angst? »

« Ich weiß nicht. Ich habe noch nie eine Spritze bekommen. »

« Das glaube ich dir nicht. »

« Dann eben nicht, du mit deinen Flausen im Kopf. »

« Um welche Zeit hat sie dich gebissen? »

« So um vier Uhr in der Frühe. »

« Wieso warst du denn um diese Zeit überhaupt wach? »

« Ich war nicht wach, ich habe an dich gedacht. »

« Flunkerer. Bist du schon beim Arzt gewesen? »

« Nein; vor dem Arzt ekelt es mich, damit du es weißt. »

« Mir geht es genau so, aber du musst trotzdem hingehen. »

« Ist denn ein Rattenbiss im Ernst so schlimm? »

« Im Ernst. Hast du Geld? »

« Wie immer. »

« Soll ich dich begleiten? »

« Nein, es ist besser allein. »

« Siehst du? So fängt die Tollwut an. Beeile dich also! »

« Ja, ich gehe schon. Nachher rufe ich dich an. »

« Warte noch. Hat dich wirklich eine Ratte gebissen? »

– Sí; de veras.

– ¿No me estás tomando el pelo?

– Claro que no, cómo crees.

– ¿De veras? ¿De veras te mordió una rata?

– Oh qué lata, te digo que sí.

– Pues entonces vete, pero ya, rapidito.

– Sí; ya me voy.

– Y me llamas en cuanto salgas de con el médico.

– ¿Vas a estar en tu casa?

– Sí; de aquí no me muevo hasta que llames.

– Está bien. Entonces te hablo luego.

– ¿Como a qué hora?

– No sé; en cuanto salga.

– Me vas a tener con pendiente.

– Entonces mejor te hablo mañana.

– No te hagas el gracioso.

– Así piensas más en mí.

– Tonto. Si cada día que pasa pienso más en ti.

– Júramelo.

– Mándame un beso.

– No, cómo crees.

– ¿Por qué no?

– Te puedo contagiar la rabia.

– Síguele, ¿eh?

– Ai te va.

– Uy, qué beso tan aguado.

– Es que me duele el dedo.

– Ay, pobrecito dedo.

– Mándale un beso al pobrecito dedo.

– Muchos muchos muchos besos para el pobrecito dedo.

– Ya no me duele.

– ¿Ya ves? El amor hace milagros.

– Mejor ya no voy a ver al médico.

« Ja, wahrhaftig. »

« Führst du mich nicht an der Nase herum? »

« Natürlich nicht, wie kommst du darauf? »

« Wirklich? Hat dich wirklich eine Ratte gebissen? »

« Wie mühsam! Ich habe es dir doch gesagt. »

« Dann geh doch endlich, schnell aber jetzt. »

« Ja, ich gehe schon. »

« Ruf mich an, sobald du beim Arzt fertig bist. »

« Bist du dann zu Hause? »

« Ich rühre mich nicht von der Stelle, bis du anrufst. »

« Gut. Dann reden wir später. »

« Um welche Zeit etwa? »

« Ich weiß nicht. Sobald ich fertig bin. »

« Du spannst mich auf die Folter. »

« Dann ruf ich dich vielleicht lieber morgen an. »

« Mach es nicht spannend. »

« Dann denkst du mehr an mich. »

« Dummkopf. Wo ich doch jeden Tag, der vergeht, mehr an dich denke. »

« Schwör es mir. »

« Schick mir einen Kuss. »

« Nein, wie meinst du das? »

« Warum denn nicht? »

« Ich kann dich mit der Tollwut anstecken. »

« Komm, mach schon. »

« Also, da kommt er. »

« Ui, was für ein wässeriger Kuss. »

« Der Finger tut mir eben weh. »

« Ach, das arme Fingerlein. »

« Schick dem armen Fingerlein einen Kuss. »

« Viele viele viele Küsse für das arme Fingerlein. »

« Jetzt tut er nicht mehr weh. »

« Siehst du? Die Liebe wirkt Wunder. »

« Ich gehe lieber gar nicht mehr zum Arzt. »

– No empieces a hacerte el chistoso. Tienes
que ir.

– ¿De veras es tan peligroso?

– Ya te dije que sí. Andale, ya vete.

– Bueno, entonces nos vemos. Chau.

– Chau, mi amor. Cuídate mucho, ¿sí?

Pobre Francina. Apenas la acabo de conocer y
ya sé que a su lado, semejante a Moisés, nunca
alcanzaré la tierra prometida. Con ella nunca
me ganará la felicidad para su causa. Una más,
lamentablemente. Vacío de destino, sin un solo
bien en este gran teatro del mundo, pienso, con
palabras de Borges, que me tocaron, como a todos los hombres, malos tiempos en que vivir.

Julio Torri

El Vagabundo

En pequeño circo de cortas pretensiones traba-
jaba, no ha mucho, un acróbata, modesto y
tímido como muchas personas de mérito. Al
final de una función dominguera en algún villo-
rio, llegó a nuestro hombre la hora de ejecu-
tar su suerte favorita con la que contaba para
propiciarse al público de lugareños y asegu-
rar así el buen éxito pecuniario de aquella tem-
porada. Además de sus habilidades – nada nota-
bles que digamos – poseía resistencia poco
común para la incomodidad y la miseria. Con
todo, temía en esos momentos que recomenza-
ran las molestias de siempre: las disputas

«Fang nicht wieder an, Witze zu machen. Du musst gehen.»

«Ist es wirklich so gefährlich?»

«Ich habe es dir schon gesagt. Los, geh jetzt!»

«Gut, dann sehen wir uns nachher. Tschau.»

«Tschau, mein Liebster. Gib acht auf dich, gelt?»

Arme Francina. Ich habe sie erst gerade kennen gelernt, und doch weiß ich, dass ich an ihrer Seite – wie Moses – nie ins gelobte Land gelangen werde. Mit ihr wird das Glück mich nicht für sich gewinnen. Noch eine, leider. Leer, ohne Zukunft, ohne jegliches Wohlbehagen in diesem großen Welttheater, glaube ich, um mit Borges zu sprechen, dass mir und allen Menschen beschieden ist, in schlechten Zeiten zu leben.

Julio Torri (1889–1970, Mexiko)

Der Landstreicher

In einem kleinen Zirkus mit geringen Ansprüchen trat vor noch nicht langer Zeit ein Akrobat auf – wie viele Leute mit besonderen Verdiensten war er ein bescheidener schüchterner Mensch. Am Ende einer Sonntagsvorstellung kam die Reihe an unsern Mann, sein Lieblingskunststück zu zeigen, auf das er zählte, um sich die Gunst des örtlichen Publikums zu erwerben und sich auch in Sachen Geld ein erfolgreiches Jahr zu sichern. Abgesehen von seinen Fertigkeiten – die nicht besonders erwähnenswert sind – verfügte er über ungewöhnliche Ausdauer, Mühen und Elend zu ertragen. Trotzdem fürchtete er in solchen Augenblicken, die immer gleichen Widerwärtigkeiten könnten von neuem beginnen: Ärger mit den Herbergs-

con el posadero, el secuestro de su ropilla, la intemperie y de nuevo la dolorosa y triste peregrinación.

El acto que iba a realizar consistía en meterse en un saco, cuya boca ataban fuertemente los más desconfiados espectadores. Al cabo de unos minutos el saco quedaba vacío.

A su invitación, montaron al tablado dos fuertes mocetones provistos de ásperas cuerdas. Introdújose él dentro del saco y pronto sintió sobre su cabeza el tirar y apretar de los lazos. En la obscuridad en que se hallaba le asaltó el vivo deseo de escapar realmente de las incomodidades de su vida trashumante. En tan extraña disposición de espiritu cerró los ojos y se dispuso a desaparecer.

Momentos después se comprobó – sin sorpresa para nadie – que el saco estaba vacío y las ligaduras permanecían intactas. Lo que sí produjo cierto estupor fue que el funámbulo no reapareció durante la función. Tras un rato de espera inútil los asistentes comprendieron que el espectáculo había terminado y regresaron a sus casas.

Mas a nuestro cirquero tampoco volvió a vérsele por el pueblo. Y lo curioso del caso era que nadie había reclamado en la posada su maletín.

Pasados algunos días se olvidó el suceso completamente. ¡Quién se iba a preocupar por un vagabundo!

wirten, Beschlagnahmung seiner Habseligkeiten, Obdach-
losigkeit und wieder einmal die schmerzende freudlose
Wanderschaft.

Das Kunststück, dass er vorhatte, bestand darin, in
einen Sack zu schlüpfen, der dann von den misstrauisch-
sten Zuschauern im Publikum möglichst fest verschnürt
wurde. Nach einigen Minuten war dann der Sack leer.

Auf seine Einladung hin kamen zwei kräftige junge
Kerle aus dem Publikum mit dicken rauhen Schnüren auf
die Estrade. Er stieg in den Sack, und bald spürte er über
seinem Kopf das Zerren an der Schnur und das feste
Verknoten der Schlingen. In der Dunkelheit, in der er sich
befand, überkam ihn auf einmal der ungestüme Drang,
den Beschwerlichkeiten des Wanderlebens wirklich und
wahrhaftig zu entwischen. In dieser seltsamen Geistes-
verfassung schloss er die Augen und schickte sich an, zu
verschwinden.

Augenblicke später stellte man fest – und das über-
raschte wirklich niemanden – dass der Sack leer und die
Verschnürung unangetastet war. Einige Verblüffung
bewirkte allerdings, dass der Akrobat im Laufe der Vorstel-
lung nicht mehr auftauchte. Nach einer Weile vergeblichen
Wartens begriffen die Zuschauer, dass die Veranstaltung
zu Ende war, und sie gingen nach Hause.

Aber unser Zirkusartist wurde auch im Dorf nicht mehr
gesehen. Das Seltsame an der Sache war, dass in der Herberge niemand sein Köfferchen abgeholt hatte.

Nach ein paar Tagen war der Vorfall ganz vergessen. Wer
wollte sich denn auch wegen eines Landstreichers Gedanken machen!

Romance tradicional

La infantina encantada

A cazar va el caballero,
a cazar como solía,
los perros lleva cansados,
el halcón perdido había;
andando, se le hizo noche
en una oscura montiña.
Sentárase al pie de un roble,
el más alto que allí había:
el tronco tenía de oro,
las ramas de plata fina;
levantando más los ojos
vio cosa de maravilla:
en la más altita rama
viera estar una infantina;
cabellos de su cabeza
con peine de oro partía,
y del lado que los parte,
toda la rama cubrían;
la luz de sus claros ojos
todo el monte esclarecía.
– No te espantes, caballero,
ni tengas tamaña grima;
hija soy yo del gran rey
y de la reina de Hungría;
hadáronme siete hadas
en brazos de mi madrina,
que quedase por siete años
hadada en esta montiña.
Hoy hace los siete años,
mañana se cumple el día;

Romanze

Die verzauberte Prinzessin

Auf die Jagd begibt sich ein Ritter,
um zu jagen, wie gewohnt,
erschöpft folgen die Hunde,
der Falke hat sich verflogen;
auf dem Weg überrascht ihn die Nacht
auf dunkler Waldeshöhe.
Er setzt sich unter eine Eiche,
die höchste, die dort stand:
sie hat einen Stamm aus Gold,
aus feinem Silber ist das Geäst;
als er weiter hinauf schaut,
glaubt er ein Wunder zu sehn:
auf dem obersten Zweig
erblickt er ein vornehmes Kind;
das Haar auf ihrem Haupt
teilte sie mit goldenem Kamm,
auf der Seite, wo sie es teilte,
verdeckte es den ganzen Ast;
der Glanz aus ihren Augen
erhellte den ganzen Berg.
«Erschrick nicht, edler Ritter,
lege ab Entsetzen und Angst;
ich bin Tochter des großen Königs
und der Königin vom Ungarnland;
sieben Feen verzauberten mich
in meiner Patin Arm,
ich müsse auf diesem Berg
sieben Jahre verzaubert verbringen.
Jetzt sind die sieben Jahre vorbei,
morgen jährt sich der Tag;

espéresme, caballero,
llévesme en tu compañía.
– Espereisme vos, señora,
hasta mañana, ese día;
madre vieja tengo en casa,
buen consejo me daría.
La niña le despidiera
de enojo y malenconía:
– ¡Oh, mal haya el caballero
que al encanto no servía;
vase a tomar buen consejo,
y deja sola la niña!
Ya volvía el caballero,
muy buen consejo traía;
busca la montiña toda,
ni halló roble, ni halló niña;
va corriendo, va llamando,
la niña no respondía.
Tendió los ojos al lejos,
vio tan gran caballería;
duques, condes y señores
por aquellos campos iban;
llevaban la linda infanta,
que era ya cumplido el día.
El triste del caballero
por muerto en tierra caía,
y desque en sí hubo tornado,
mano a la espada metía:
«Quien pierde lo que yo pierdo,
¿qué pena no merecía?
¡Yo haré justicia a mí mismo,
aquí acabaré mi vida!»

warte auf mich, edler Ritter,
gib mir dein Geleit.»
«Wartet auf mich, Herrin,
bis morgen, den großen Tag;
meine alte Mutter zu Hause
weiß mir guten Rat.»
Erzürnt und traurig verwünscht ihn
das Mädchen zum Abschied:
«Fluch über den Ritter,
der sich dem Zauber nicht stellt,
er geht und holt Rat,
lässt das Mädchen allein!»
Schon kehrte der Ritter zurück
und brachte den guten Rat;
er durchsucht das ganze Gebirge,
fand nicht Eiche, nicht Prinzessin,
er irrt durch den Wald und ruft,
doch kein Mädchen antwortet ihm.
Er richtet die Augen in die Ferne,
erblickt eine große Reiterschar;
Herzöge, Grafen und Fürsten
ritten weit weg über Land;
in ihrer Mitte das Mädchen,
denn gejährt hatte sich der Tag.
Vom Schmerz getroffen fiel der Ritter
wie tot auf die Erde hin,
und als er wieder zu sich kam,
legte er die Hand an sein Schwert:
«Wer verliert, was ich verloren habe,
welche Strafe verdient er nicht!
Ich will selbst mich richten:
hier beende ich mein Leben!»

Romance tradicional

El Enamorado y la Muerte

Un sueño soñaba anoche,
soñito del alma mía,
soñaba con mis amores,
que en mis brazoa los tenía.
Vi entrar señora tan blanca,
muy más que la nieve fría.
– ¿Por dónde has entrado, amor?
¿Cómo has entrado, mi vida?
las puertas están cerradas,
ventanas y celosías.
– No soy el amor, amante:
la Muerte que Dios te envía.
– ¡Ay, Muerte tan rigurosa,
déjame vivir un día!
– Un día no puede ser,
un hora tienes de vida.
Muy deprisa se calzaba,
más de prisa se vestía;
ya se va para la calle,
en donde su amor vivía.
– ¡Abreme la puerta, blanca,
ábreme la puerta, niña!
– ¿Cómo te podré yo abrir
si la ocasión no es venida?
Mi padre no fue al palacio,
mi madre no está dormida.
– Si no me abres esta noche,
ya no me abrirás, querida;
la Muerte me está buscando,
junto a ti vida sería.

Romanze

Der verliebte Jüngling und der Tod

Einen Traum träumte ich heute Nacht
einen Traum aus tiefer Seele,
ich träumte von meiner Liebsten,
in meinen Armen hielt ich sie.
Da trat ein weiße Dame ein,
viel weißer als der kalte Schnee.
« Wo kamst du herein, Amor?
Wie kamst du herein, mein Leben?
Verschlossen sind die Türen,
die Fenster und die Gitter. »
« Ich bin nicht Amor, mein Freund,
der Tod, den Gott dir schickt. »
« Ach, unerbittlicher Tod,
lass mich noch einen Tag leben! »
« Einen Tag, das kann nicht sein,
eine Stunde darfst du noch leben. »
Schnell zog er die Stiefel an,
noch schneller die Kleider;
schon geht er zur Straße,
wo seine Liebste wohnt.
« Öffne mir die Tür, weiße Braut,
öffne die Tür, mein Mädchen! »
« Wie kann ich dir öffnen,
wenn die Zeit nicht günstig ist?
Mein Vater ging nicht zum Palast,
meine Mutter ist noch wach. »
« Wenn du mich jetzt nicht einlässt,
wirst du es nie mehr tun,
der Tod holt mich ab, Geliebte,
an deiner Seite wäre er Leben. »

– Vete bajo la ventána
donde labraba y cosía,
te echaré cordón de seda
para que subas arriba,
y si el cordón no alcanzare
mis trenzas añadiría.
La fina seda se rompe;
la Muerte que allí venía:
– Vamos, el enamorado,
que la hora ya está cumplida.

Bernardino Fernández de Velasco, duque de Frías

Piedad

La piedad señoreó del reino de Nápoles a don Alfonso de Aragón, cuya conquista conseguiría difícilmente con las armas.

Tenía puesto cerco a Gaeta, plaza importantísima en aquellas provincias; defendíanse con valor incomparable los sitiados; pero llegándoles a faltar los víveres, resolvieron arrojar fuera de la muralla a los inútiles, como son ancianos, niños, mujeres y enfermos. Quedó esta miserable gente entre dos fuegos. Llamó a junta aquel monarca y sus generales sobre lo que debería hacerse; votaron todos que se les precisase por la fuerza a volver dentro del lugar, medio seguro de adelantar la rendición, a que dijo la clemente majestad:

– Siento que caudillos tales me aconsejen semejante impiedad. Por todas las coronas del orbe no la cometería. Acójanse esos afligidos, tratándolos

«Stell dich unter das Fenster,
wo ich stickte und nähte,
ich lasse die seidene Schnur hinab,
daran klimmst du empor,
und wenn die Schnur nicht reicht,
knüpfe ich meinen Zopf daran.»
Die feine Seide reißt,
der Tod ist schon zur Stelle.
«Gehn wir, verliebter Jüngling,
die Stunde hat sich erfüllt.»

Bernardino Fernández de Velasco, Duque de Frías
                              (1701?–1769?, Spanien)
Barmherzigkeit

Barmherzigkeit machte Don Alfonso von Aragón zum
Herrn über das Königreich Neapel, dessen Eroberung ihm
mit Waffengewalt kaum gelungen wäre.

Er hatte den Belagerungsring um Gaeta gelegt, eine der
wichtigsten Städte jener Provinz. Die Belagerten verteidig-
ten sich mit beispiellosem Mut, aber als die Lebensmittel
knapp wurden, beschlossen sie, alle nutzlosen Einwohner,
wie Alte, Kinder, Frauen und Kranke, zur Stadt hinauszuja-
gen. Diese elenden Menschen gerieten zwischen zwei Feuer.
Der König versammelte seine Heerführer und beriet sich
mit ihnen, was zu tun sei. Alle stimmten dafür, sie zu
zwingen, wieder in die Stadt zurückzukehren, um so die
Übergabe zu beschleunigen, wozu Seine Majestät in seiner
Milde sagte:

«Ich bedaure, dass meine Heerführer mir zu solcher
Grausamkeit raten. Für keine Krone der Welt könnte ich
sie begehen. Nehmt diese Elenden auf und behandelt sie

como a mi misma persona en el atento caritativo cuidado.

Hízose así, de que resultó que, noticiados los de adentro de acción tan loable, confirieron conformes:

– ¿Qué dominio más dichoso podemos tener que el de un príncipe tal?

Y entregáronse luego.

Esteban de Garibay y Zamalloa

El viejo y el mancebo

Servía un caballero viejo a una dama, y un mancebo que también la servía díjole:

– No son todos para servir el amor.

Respondióle:

– Decíslo, señor, porque sois mozo y yo viejo. Pues hágoos saber que en mi tierra por más mozo tienen a un hombre de cincuenta años que no a un asno de quince.

De puerta cerrada
el diablo se torna.

Vor einer verschlossenen Tür
kehrt der Teufel um.

wie mich selbst mit aller Aufmerksamkeit, welche die Nächstenliebe für ihre Pflege erfordert.»

So geschah es, und als sich drinnen in der Stadt die Nachricht über diese lobenswerte Tat verbreitete, bekannten alle einmütig:

«Was können wir uns besseres wünschen als die Herrschaft eines solchen Fürsten?»

Sie ergaben sich unverzüglich.

Esteban de Garibay y Zamalloa (1533-1599, Spanien)

Der alte Freier und der Jüngling

Ein alter Kavalier umwarb eine Dame, da sagte ein Jüngling zu ihm, der sie ebenfalls umwarb:

«Es taugen nicht alle für den Liebesdienst.»

Er antwortete ihm:

«Das sagt ihr, Herr, weil Ihr jung seid und ich alt bin. So wisst denn, dass in meiner Heimat ein fünfzigjähriger Mann für jünger angesehen wird als ein fünfzehnjähriger Esel.»

Luis Fayad

El adivino de la casa amarilla

Encontró con facilidad la casa, pues era la única amarilla de la cuadra. Golpeó y nadie respondió; y a la
tercera vez, más por nerviosismo que por impa-
ciencia, decidió entrar. Le habían dicho que el adivino siempre estaba en el primer cuarto a la derecha
del pasillo, pero no vio a nadie. Se quedó largo rato sin hacer nada, ni siquiera observando el cuarto,
y luego quiso salir de la casa. La curiosidad se lo
impidió; entonces siguió por el pasillo buscando
al adivino. Había más cuartos, y después, más pa-
sillos con más cuartos. En ninguno estaba el adivino.
Regresó, y ante la puerta de la casa se volvió con
brusquedad. El adivino lo estaba mirando, lo miraba
como si lo conociera desde hacía mucho tiempo.
   – Sabía que usted iba a venir – dijo el adivino.
   Leoncio no respondió.
   Por eso me escondí – continuó el adivino –. Sabía también que yo iba a esconderme y que usted
me buscaría cuarto por cuarto, y que yo me pre-
sentaría cuando usted fuera a salir de la casa. Me
escondí porque sabía que a usted iba a sucederle
una desgracia y no quería darle la noticia, y
sabía que vendría a su encuentro porque yo estaba equivocado. Sabía que en este momento
usted quizá quisiera preguntarme algo
y que no se atrevería. También esto lo sabía.
   El adivino se retiró y Leoncio salió de la casa.
Estaba intranquilo. Hubiera querido preguntarle
al adivino si no se había equivocado de nuevo y
si la desgracia se haría efectiva de todas maneras.

Luis Fayad (1945, Kolumbien)

Der Hellseher vom gelben Haus

Er fand das Haus mit Leichtigkeit, denn es war das einzige gelbe im Geviert. Er klopfte, aber niemand antwortete; beim dritten Mal beschloss er hineinzugehen – eher aus Aufregung als aus Ungeduld. Man hatte ihm gesagt, der Hellseher befinde sich immer im ersten Zimmer rechts des Flurs, aber er sah niemanden. Lange stand er da, ohne etwas zu tun, ja, er schaute sich nicht einmal im Zimmer um; dann wollte er das Haus verlassen. Doch die Neugier untersagte es ihm; er ging weiter durch den Flur und suchte den Hellseher. Es gab noch mehr Zimmer, und dann noch mehr Korridore mit weiteren Zimmern. Der Hellseher war in keinem. Er ging wieder zurück; bei der Haustür drehte er sich jäh um. Da stand der Hellseher und beobachtete ihn, schaute ihn an, als ob er ihn seit langem kennte.

«Ich wusste, Sie würden kommen», sagte der Hellseher.

Leoncio antwortete nicht.

«Darum habe ich mich versteckt», redete der Seher weiter. «Ich wusste auch, dass ich mich verstecken und Sie mich in allen Zimmern suchen würden, dass aber ich mich erst zeigen würde, wenn Sie das Haus verlassen wollten. Ich habe mich versteckt, weil ich wusste, dass Ihnen ein Unglück zustoßen würde, und ich wollte Ihnen diese Nachricht nicht geben, aber ich wusste, dass ich mich Ihnen stellen würde, weil ich im Irrtum war. Ich wusste, dass Sie mich in diesem Augenblick vielleicht etwas fragen wollten, sich aber nicht getrauten. Auch das wusste ich.»

Der Hellseher ging weg, und Leoncio verließ das Haus. Er war unruhig. Er hätte den Hellseher gern gefragt, ob er sich nicht wieder geirrt habe und ob das Unglück nicht in jedem Fall eintreffe.

Juan de Robles

El marinero lógico

Como se ve en lo que pasó a un marinero, a quien
reprehendía un ciudadano porque, habiéndose aho-
gado en el mar su padre, navegaba él. Le preguntó
el marinero que adónde había muerto el suyo, y
respondiendo el ciudadano que todo su linaje había
muerto en la cama, dijo el marinero:
    – Pues ¿para qué vuestra merced se acuesta en
la cama?

José de la Colina

La ley de la herencia

Durante más de diez años habíamos vivido sin
problemas en este edificio habitado por emplea-
dos gubernamentales o profesores de escuela
como yo hasta que un día en el terreno baldío
que se ve desde la ventana de nuestro cuarto piso apareció una vieja y esquelética mendiga
despiojándose al sol y como nos dio lástima le
llevábamos por las noches mi mujer o yo las
sobras de nuestra comida a aquel lugar de mue-
bles despanzurrados y maquinarias paralíticas
y latas herrumbrosas y ratas furtivas y la
mendiga se arrojaba al plato de cartón apenas
lo poníamos en el suelo y devoraba el conteni-
do lanzando temerosas miradas a un lado y a
otro como si alguien fuese a robarla pero al

Juan de Robles (aus «El culto sevillano» 1631, Spanien)

Der scharfsinnige Seemann

Hier sieht man, wie es einem Seemann erging, der von
einem Mitbürger gescholten wurde, weil er zur See fuhr,
obwohl sein Vater im Meer ertrunken war. Der Matrose
fragte ihn, wo denn sein Vater gestorben sei, und er bekam
zur Antwort, dass alle seine Vorfahren im Bett gestorben
seien. Darauf sagte der Seemann:
   «Also, wenn Sie gestatten, mein Herr: warum legen Sie
sich dann ins Bett?»

José de la Colina (1934, Spanien – Mexiko)

Das Gesetz der Vererbung

Mehr als zehn Jahre lang hatten wir ungestört neben Regie-
rungsbeamten oder Schullehrern, wie ich einer bin, in diesem Haus gewohnt, bis dann auf dem ungenutzten Grundstück, das man von unserer Wohnung im vierten Stockwerk sieht, eines Tages eine spindeldürre alte Bettlerin auftauchte und sich an der Sonne nach Flöhen absuchte, und
aus Mitleid brachten meine Frau oder ich am Abend, was
von unserem Essen übrig geblieben war, zu dem Grundstück mit den aufgeschlitzten Möbeln, ausgedienten Maschinen, rostigen Blechdosen und flüchtenden Ratten, und
kaum hatten wir den Pappteller auf den Boden gestellt,
stürzte sich die Bettlerin darauf und verschlang das Essen
– allerdings nicht ohne furchtsame Blicke nach allen Seiten
zu werfen, so als ob es ihr jemand streitig machen könnte –
aber wenig später schon gab sie sich nicht mehr damit zu

poco tiempo ya no se resignaba a esperarnos
y poco después de caer la noche la oíamos
subir la escalera con sus pies pesados y toca-
ba a nuestra puerta y gemía larga y rítmica-
mente si tardábamos en abrir y en presentarle
lo que sin duda ya consideraba un obligado
tributo y así una noche tras otra y a veces
nos hundíamos en la habitación más reti-
rada conteniendo el aliento y mi mujer
apretándose temblorosa contra mi pecho
mientras la mendiga permanecía allá junto
a la puerta del departamento lloriqueando
sin pausa y mecánicamente de modo que
como temíamos el escándalo de los vecinos,
terminábamos saliendo y dándole la pitanza
bajando los ojos ante los suyos resentidos o
irónicos y ella se alejaba envolviendo el plato
en su raída y remendada y sucia capa bajo
cuyo peso se inclinaba y así inexorablemente
por no sabemos cuánto tiempo hasta que los
vecinos que ya se quejaban mucho ante
nosotros hicieron que la policía se llevara a
la mendiga y con algún remordimiento nos
sentimos exentos de aquella servidumbre sin
prever que una semana después se presenta-
ría un hombre con aspecto de pulcro burócrata
que decía venir de cierta Sociedad y nos entregó una caja con unos sucios andrajos que
fácilmente reconocimos sobre todo por la remendada caja y nos hizo firmar un recibo in-
formándonos de que éramos depositarios de
esos bienes y no lo entendimos del todo sino
hasta unos días después cuando mi mujer se
asomó a la ventana y lanzó un grito y empezó

frieden, auf uns zu warten, vielmehr hörten wir sie, kaum war es dunkel geworden, mit ihren schweren Schritten die Treppe heraufkommen, dann läutete sie an unserer Tür, und wenn wir nicht sogleich öffneten und ihr nicht hinreichten, was sie offensichtlich bereits als unsere Verpflichtung ansah, stöhnte sie lange und gleichmäßig, und so ging das eine Nacht um die andere weiter, und manchmal verkrochen wir uns ins hinterste Zimmer und hielten den Atem an, und meine Frau klammerte sich zitternd an meine Brust, solange die Bettlerin vor der Wohnungstür wartete und ununterbrochen einfach so vor sich hin weinte, so dass wir schließlich fürchteten, unsere Nachbarn würden sich beschweren, und dann doch hinaus gingen und ihr den Armenanteil gaben, aber wir schauten dabei zu Boden, um ihren ärgerlichen oder hämischen Blick nicht aushalten zu müssen, während sie den Teller in ihren abgetragenen, geflickten und schmutzigen Umhang wickelte und gebeugt unter dessen Gewicht sich entfernte, und so ging es unerbittlich weiter für ich weiß nicht wie lange, bis die Nachbarn, die sich sehr bei uns beklagten, dafür sorgten, dass die Polizei die Bettlerin mitnahm, und so sahen wir uns – mit einigen Gewissensbissen zwar – vom Sklavendienst erlöst, ohne allerdings zu ahnen, dass eine Woche später ein sauber und amtlich wirkender Mann von einer, wie er sagte, bestimmten Vereinigung kommen und uns eine Schachtel mit schmutzigen Lumpen aushändigen würde, die wir natürlich mühelos erkannten, allein schon wegen der zusammengeflickten Schachtel, eine Unterschrift unter einen Empfangsschein von uns verlangen und uns darauf aufmerksam machen würde, wir seien Treuhänder dieser Gegenstände, was wir im Augenblick nicht so ganz verstanden, sondern erst einige Tage später, als meine Frau zum Fenster hinausschaute, einen Schrei ausstieß und zu weinen anfing, und dann schaute auch ich zum Fenster

a llorar y yo me asomé y allí en el terreno baldío
había otra mendiga tal vez menos vieja y menos
flaca enteramente desnuda y rascándose las
costras y mirando hacia nuestra ventana y entonces comprendimos que había que bajar lle-
vando mi mujer el plato de sobras y yo la caja
con los andrajos y que no serviría de nada cam-
biarse de casa ni de colonia ni de ciudad ni tal
vez de país.

Pablo Palacio

El cuento

Existen en la actualidad asuntos importantísi-
mos de explotación sociológica y política: lo de
Marruecos, los sistemas de colonización francesa
y española, el gran problema de las finanzas,
la identidad de la Europa feudal y la América
colonial, la difícil cuestión de la procedencia de
los primeros habitantes de este continente, y
muchísimos más. Pero creo que brilla sobre todos la eternamente nueva y eternamente vieja
opinión pública.
   ¡La opinión pública, freno de gobernantes
y único timón seguro para conducir con buen
éxito la nave del Estado! ¡La opinión pública,
morigeradora de las costumbres políticas, de
las costumbres sociales, de las costumbres reli-
giosas!
   Supongamos que pudiera existir un hombre que
participe sincera e idénticamente de estas ideas.

hinaus, und auf dem ungenutzten Grundstück saß wieder
eine Bettlerin – vielleicht nicht so alt und nicht so ab-
gemagert – ganz nackt da, kratzte sich ihre schorfige Haut
und schaute zu unserm Fenster herauf, und wir beide begriffen sogleich, dass meine Frau mit dem übrig gebliebe-
nen Essen und ich mit der Schachtel Kleider hinunter gehen
mussten und dass es nichts nützen würde, aus dem Haus
wegzuziehen oder aus der Wohngegend oder sogar aus der
Stadt oder dem Land.

Pablo Palacio (1906–1947, Ecuador)

Die Geschichte

Es gibt gegenwärtig auf dem Gebiet der Soziologie und
der Politik sehr wichtige Aufgaben anzupacken: die marok-
kanische Frage, das französische Kolonialsystem im Ver-
gleich zum spanischen, das große Problem der Geldwirt-
schaft, das Selbstverständnis des feudalistischen Europa
und des kolonialen Amerika, die heikle Frage, woher die
ersten Bewohner auf den amerikanischen Kontinent kamen, und sehr vieles sonst noch. Aber ich glaube, alles das
wird überstrahlt vom ewig neuen und ewig alten Macht-
faktor «öffentliche Meinung».
    Die öffentliche Meinung: der Bremsklotz für die Re-
gierenden und das einzige sichere Steuergerät, um das
Staatsschiff erfolgreich zu lenken! Die öffentliche Meinung, die mäßigende Kraft für die politischen Gepflogen-
heiten, das gesellschaftliche Zusammenleben, die religiö-
sen Bräuche!
    Nehmen wir an, es gäbe einen Mann, der sich diese
Ideen mit vollem Ernst zu eigen machte und nach ihnen

Luego este hombre debe llamarse Francisco o Manuel y estar a la media edad, entre gordo y flaco, entre barbudo y no barbudo.

Este don Francisco o don Manuel, tiene que ser pequeño, de párpados con bolsas, usar *jaquet* y detestable sombrero.

Andará lentamente, blandiendo el bastón y moviendo las caderas.

Solterón y aburrido, deberá tener una amiga que fue amiga de todos, conquistada a fuerza de acostumbramiento, y a quien cualquier mequetrefe pudo llamar:

Pst. Pst... (etc.).

Esta amiga – Laura o Judith – tendrá cualquier nariz – pongamos aguileña –, cualquier cabello – canela -, cualesquiera ojos, – pardos -, y será larguirucha y voluntariosa.

Puede vivir al cabo de una calle sucia.

Puede tener amigas muy alegres con quienes celebre sesiones animadas, que salpicarán el cuento como el lodo un vestido nuevo, al manotazo de un caballo en una charca.

El pequeño sociólogo, ¡oh maravilla!, tendrá que ir dos veces por semana al cabo de la calle conocida y dará vueltas junto a la puerta, mirando a todos lados, azorado, procurando evitar un mal encuentro. Cuando le arroje a la ventana la piedrecilla del silbido, ella hará gruñir los cristales y le contestará con la rabia de sus ojos.

Naturalmente, ella debe divertirse a costa de él, aunque con él no le sea posible divertirse.

Y como el sociólogo no tendrá mal olfato, y como casi nunca sabrá lo que decir, ha de toser un poco enojado.

lebte. Dann müsste dieser Mann Francisco oder Manuel heißen, im mittleren Alter stehen, nicht zu dick und nicht zu dünn sein, nicht zu bärtig und auch nicht ganz bartlos.

Dieser Don Francisco oder Don Manuel müsste klein sein, Tränensäcke haben und eine Jacke sowie einen abscheulichen Hut tragen.

Er geht vermutlich langsam, schwingt den Stock dazu und wackelt mit den Hüften.

Als langweiliger Hagestolz muss er eine Freundin haben, die schon alle Männer zur Freundin hatten, die sich aus lauter Gewohnheit erobern ließ und von jedem beliebigen Laffen angepöbelt werden konnte:

«Pst. Pst»... und so weiter...

Diese Freundin – Laura oder Judith – kann irgend eine Nase haben – zum Beispiel eine Adlernase – irgend welches Haar – zimtbraun – irgend welche Augen – hellbraune – und ist wohl eher aufgeschossen und eigensinnig.

Sie kann zuhinterst in einer schmutzigen Straße wohnen.

Sie kann fröhliche Freundinnen haben, mit denen sie ausgelassene Feste feiert, und diese besprenkeln die Geschichte, wie Straßenkot ein neues Kleid besudelt, wenn ein Pferd in eine Pfütze tritt.

Der kleine Soziologe, o Wunder! muss zweimal in der Woche zuhinterst in der bekannten Straße vor der Haustür auf und ab gehen und argwöhnisch überall herumspähen, um eine peinliche Begegnung tunlichst zu vermeiden. Wenn er das Kieselsteinchen als Rufzeichen an die Scheibe wirft, wird sie das Fenster knarren lassen und ihm ihre zornentbrannten Augen als Antwort entgegen schleudern.

Natürlich muss sie sich auf seine Kosten vergnügen, auch wenn sie sich mit ihm unmöglich vergnügen kann.

Da der Soziologe keinen schlechten Riecher haben, aber doch selten wissen wird, was er sagen soll, wird er wohl ein wenig missmutig hüsteln.

– Oyte, Laura – o Judith –, yo creo que aquí no has estado sola. Dime de quién es esa colilla.

Ella lo aplastará con el silencio.

Entonces, el sociólogo, acoquinado, tendrá que callar también un rato.

Después de ese rato:

– Bueno, Laura – o Judith –, no seas así. Parece que yo viniera a pedirte... por caridad. Anoche has estado con uno de mis amigos y él me lo contó, sin saber que...

Gran reacción.

Ve, animal: ya no puedo aguantarte más tus cochinadas. ¡ Si vienes otra vez con esas, te rajo la cabeza !

Pensamiento:

« Si esta mujer me raja la cabeza, ¿qué dirá la opinión pública? ».

Juan de Arguijo

Consejo de guerra

En un rebato de moros se ofrecieron gran número de frailes de armarse y salir al rebato en Zaragoza. Tratóse en el cabildo o Consejo de guerra, que se juntó para este caso, si convendría consentir que saliese esta compañía de religiosos, y fue el voto de don Martín de Lanuza:

– Soy de parecer que salgan y aventuramos a ganar de cualquier manera que suceda; porque o los frailes nos librarán de los moros, o los moros nos librarán de los frailes.

«Hör mal, Laura – oder Judith –, ich glaube, du warst hier nicht allein. Sag, von wem diese Kippe stammt.»

Sie wird ihn mit ihrem Stillschweigen erdrücken.

Dann wird der Soziologe kleinlaut ebenfalls eine Weile schweigen müssen.

Nach dieser Weile:

«Nun, Laura – oder Judith –, sei nicht so. Es hat den Anschein, als ob ich dich... um ein Almosen bitten wollte. Gestern Nacht warst du mit einem Freund von mir zusammen; er hat mir alles erzählt, ohne zu wissen, dass...»

Großes Erschrecken.

«Geh, du Untier, ich halte deine Schweinereien nicht mehr aus. Wenn du mir nochmals so kommst, zerkratze ich dir den Kopf!»

Überlegung:

«Wenn diese Frau mir den Kopf zerkratzt, was sagt dann die öffentliche Meinung?»

Juan de Arguijo (1564?–1628?, Spanien)

Kriegsrat

Bei einem Maurenüberfall erboten sich zahlreiche Mönche, zu den Waffen zu greifen und den Mauren in Zaragoza entgegen zu treten. Als Kriegsrat wurde das Generalkapitel einberufen, zur Beratung, ob es sinnvoll sei, eine Kompanie Mönche auszuschicken. Don Martín de Lanuza stellte folgenden Antrag:

«Ich bin dafür, dass sie in den Kampf ziehen; denn wie er auch ausgeht, wir haben einen Vorteil davon: entweder befreien uns die Mönche von den Mauren, oder die Mauren befreien uns von den Mönchen.»

Bárbara Jacobs

Un justo acuerdo

Por diferentes delitos, la condenaron a cadena
perpetua más noventa y seis años de estricta
prisión.

Como era joven, los primeros cincuenta los pasó viva. Al principio no faltó quien la visitara; en
varias ocasiones, concedió ser entrevistada, hasta
que dejó de ser noticia. Su rutina sólo se vio inter-
rumpida cuando, durante los últimos años y a pesar de que las autoridades la consideraron siempre
una mujer sensata, fue confinada en el pabellón
de psiquiatría. Ahí aprendió cómo entretenerse
sin necesidad de leer ni escribir; acaso ni de pen-
sar. Para entonces ya había prescindido del habla,
y no tardó en acostumbrarse a la inmovilidad. Al
final parecía dominar el arte de no sentir.

Cuando murió la llevaron, en un ataúd sencillo,
a una celda iluminada y con bastante ventilación,
en donde cumplió buena parte de su condena; a lo
largo de este periodo, el celador de un turno rara
vez olvidó llevarle flores, aunque marchitas, obe-
deciendo la orden, transmitida de sexenio en sexenio, de mantenerla aislada, si bien no por completo.

Hace poco, debido a razones de espacio, las
autoridades decidieron enterrarla; pero, con el fin
de no transgredir la ley y de no conceder a esa reo
ningún privilegio, acordaron que el tiempo que
le faltaba purgar fuera distribuido entre dos o tres
presas desconocidas que todavía tenían muchos
años por vivir.

Bárbara Jacobs (1947, Mexiko)

Eine gerechte Übereinkunft

Wegen verschiedener Verbrechen wurde sie zu lebenslanger
Kettenhaft und weiter zu sechsundneunzig Jahren schwe-
rem Kerker verurteilt.

Da sie jung war, erlebte sie die ersten fünfzig Jahre. Am
Anfang bekam sie noch hie und da Besuch; bei verschie-
denen Gelegenheiten gab sie ihre Zustimmung, befragt zu
werden, bis sie schließlich nicht mehr Tagesgespräch war.
Die Gleichförmigkeit ihres Daseins wurde unterbrochen,
als sie in ihren letzten Lebensjahren und obwohl die
Behörden nie an ihrer Vernunft gezweifelt hatten, in die
psychiatrische Abteilung überführt wurde. Dort lernte sie,
sich zu beschäftigen, ohne auf Lesen und Schreiben ange-
wiesen zu sein; vielleicht sogar ohne aufs Denken. Damals
hatte sie sich schon das Reden abgewöhnt, und bald fand
sie sich auch mit der Bewegungslosigkeit ab. Am Schluss
schien sie die Kunst der Fühllosigkeit zu beherrschen.

Als sie starb, brachte man sie in einem einfachen Sarg
in eine helle und gut durchlüftete Zelle, wo sie schon einen großen Teil ihrer Strafe verbüßt hatte; in dieser langen
Zeitspanne vergaß der Aufseher vom Dienst selten, ihr
Blumen zu bringen, auch wenn es nur welke waren, und
kam so der Weisung nach, die alle sechs Jahre erneuert
wurde, sie zwar abzusondern, aber nicht ganz vollständig.

Vor kurzem nun haben die Behörden aus Platzgründen
verfügt, sie zu begraben; aber um das Gesetz nicht zu über-
treten und um dieser Gefangenen keinerlei Vorzugs-
behandlung zuzugestehen, war man überein gekommen,
die Zeit, die ihr zur Sühne noch fehlte, auf zwei oder drei
Häftlinge aufzuteilen, die noch viele Lebensjahre vor sich
hatten.

Si la locura fuese dolores,
en cada casa darían voces.

Wenn Narrheit weh täte,
kämen aus jedem Haus Schreie.

Karmele Saint-Martín

Juani la costurera

La costurera se desplazaba de caserío en caserío
cuando las labores del campo arreciaban y la etxecoandre no podía dedicarse a las labores de costura urgentes, labores necesarias, pues siempre el
pueblo vasco se ha distinguido por la corrección
en su atavío.

Y estaban bien empleadas las monedas que le
daban a la costurera, porque es primordial para el
ama de casa recoger el maíz, desgranarlo, hacer
quesos, borona, enhilar setas para el invierno,
cortar el heno y apilarlo, amontonar los helechos
que serán la cama del ganado y otros mil trabajos
que casi siempre hace la señora de la casa que
ayuda a su marido.

La Juani acudía con su zakuto en el que guardaba sus útiles de costura, las agujas clavadas en un
trozo de tela, por miedo a ponerlas en un alfilete-
ro en el que podían introducirse los «mamorro'ak» o «famerijelak», hombres minúsculos,
genios familiares de los brujos.

Karmele Saint-Martín (ca.1895–ca.1989, Spanien)

Die Näherin Juani

Die Näherin ging von Hof zu Hof, wenn die Feldarbeit die «Etxecoandre» voll beanspruchte und sie die dringendsten Näharbeiten nicht mehr erledigen konnte – unaufschiebbare Arbeiten, denn die Basken haben sich immer mit ihrer tadellosen Kleidung hervorgetan.

Das Geld, das für die Näherin ausgegeben wurde, war gut angelegt, denn für die Bäuerin ist es vordringlich, den Mais einzubringen, die Körner von den Kolben zu lesen, Käse zu machen, Brot zu backen, Pilze für den Winter aufzufädeln, Gras zu schneiden und zusammenzurechen, Farnwedel für die Viehstreu zu Büschen zu binden – und tausenderlei weitere Arbeiten, welche meistens die Hausfrau erledigt, die an der Seite ihres Mannes arbeitet.

Juani erschien mit ihrem «Zakuto», wo sie sämtliches Nähzeug verstaute – die Nadeln hatte sie in einen Stofflappen gesteckt aus Angst vor Nadelbüchsen, wo sich unbemerkt «Mamorro'ak» oder «Famerijelak» einschleichen konnten, winzige Männchen, Hauskobolde der Zauberer.

Había que tener gran cuidado con ellos.

Cumplía sus funciones concienzudamente. Le daban la comida, unas monedas y le solían regalar un par de abarcas para el camino.

Un día, después que la luna llena había salido, volvía a su caserío cuando oyó, viniendo de la trocha un potente «irrintzi», «santzo», «oyo», «ujo», nombres que se dan a esos gritos peculiares que cambian los pastores entre sí, de monte a monte, verdaderos tambores de la jungla, modo primitivo de los solitarios que cuidan su ganado para comunicarse con otro pastor, tan solitario como el que lo lanza y que llega por su sonoridad particular a oírse a gran distancia; con su ¡uy! ¡uy! ¡uy! sostenido en la misma nota que acaba en otra muy alta y prolongada: ¡uuuuuuuuuuuuy!

La mujer, porque estaba contenta, había cenado bien, había bebido sidra y estrenaba un par de abarcas, además de guardar en el bolsillo las monedas que sonaban a su paso, contestó al grito calcándolo con el suyo:

¡Uy uy uy uy uuuuuuuuuuyyyyy!

Llegó un nuevo irrintzi de la lejanía y ella, divertida con el juego volvió a contestarlo, pensando que el que lo gritaba tenía ganas de oír la voz humana que le distraería del aburrido balar de sus ovejas.

Por tercera vez resonó el grito, como quien quiere seguir el diálogo con alguien, un amigo lejano y le dice sin palabras que comprende su aislamiento y que por eso responde amigable, caritativamente a sus voces.

Y este fue el error de Juani la costurera.

Porque contestar por tres veces seguidas el grito

Man musste sich sehr in Acht nehmen vor ihnen.

Juani führte die Aufträge sehr gewissenhaft aus. Sie bekam ihr Essen, einige Geldstücke und meistens auch ein Paar Ledersandalen mit auf den Weg.

Eines Abends war sie auf dem Heimweg, kurz nachdem der Vollmond aufgegangen war, da hörte sie von einem Feldweg her einen mächtigen «Irrintzi» oder «Santzo», «Oyo» oder «Ujo» oder wie die eigentümlichen Rufe heißen, welche die Hirten von Berg zu Berg austauschen – in der Art von Urwaldtrommeln, die den Einsamen die Möglichkeit geben, mit einem anderen Einsamen, der irgendwo sein Vieh hütet und den Ruf aufnimmt, in Verbindung zu treten, denn der besondere Klang, ein Uy!Uy! Uy! in gleicher Tonhöhe mit einem abschließenden sehr hohen und langgedehnten Uuuuuuuuuuuy! ist über große Entfernungen hin hörbar.

Die Frau war zufrieden mit ihrem Tagwerk, hatte gut zu Abend gegessen und Most getrunken, trug neue Sandalen an den Füßen und hatte außerdem einige Geldstücke in der Tasche, die bei jedem Schritt klingelten. So antwortete sie auf den Ruf mit einem möglichst gleichen:

Uy!Uy!Uy! Uuuuuuuuuuy!

Ein neuer «Irrintzi» ertönte aus der Ferne, sie freute sich über das Spiel und antwortete wieder, denn sie vermutete, der Rufer höre gern eine menschliche Stimme, die ihm Abwechslung zum langweiligen Geblöke der Schafe bot.

Zum dritten Mal erklang der Ruf, als wolle jemand die Zwiesprache mit einem Unbekannten weiter führen, ein ferner Freund, der ihm ohne Worte mitteilt, dass er seine Einsamkeit versteht und deshalb freundschaftlich und hilfsbereit auf seine Stimme eingeht.

Das war der Irrtum der Näherin Juani.

Denn dreimal hintereinander den Ruf der Hexe beant-

de la bruja es ponerse en sus manos, ser ya su pertenencia, caer bajo su poder, disolverse en la voluntad de la lamiñak como un girón de bruma.

A la mañana siguiente, viendo que la Juani no había llegado a su caserío, salieron a buscarla.

Rastrearon el camino, vieron la huella que sus abarcas habían dejado en el barro y la hierba pisada, aplastada por sus pies.

Vieron también ramas quebradas a su paso y el sitio en que se había detenido para lanzar los irrintzis por la impresión de ambos pies en el suelo.

También encontraron mechones de cabellos largos rubios, trozos desgarrados de su falda y el zakuto que contenía sus agujas, dedal, hilos y tijeras.

Pero no había nada más, absolutamente nada más.

Evelio José Rosero

Bajo la lluvia

Le preguntamos qué hacía ahí, flotando en la calle, bajo la lluvia, y él respondió que nada, que lo único que hizo fue saltar un poco, para evitar un charco, con la extraña suerte de que no volvió a caer. « Y aquí estoy, como pueden ver », dijo. Tenía los ojos aguados como alguien sorprendido por la emoción más inaudita, como alguien a punto de llorar silenciosamente. Su corbata colgaba ondulante, parecía lo único de él que pretendía continuar atándolo realmente a la tierra. Y, sin embargo, también él parecía aceptar su situación, porque reconoció es-

worten, heißt, sich ihr ausliefern, ihr gehören, ihrer Macht anheim fallen, im Willen der «Lamiñak» aufgehen, wie eine Nebelschwade sich auflöst.

Als am anderen Morgen feststand, dass Juani nicht nach Hause gekommen war, ging man sie suchen.

Man schritt den Weg ab, entdeckte den Abdruck von Juanis Sandalen im Lehm, ebenso das von ihren Füßen niedergetretene Gras.

Man sah auch ein paar geknickte Zweige und fand die Stelle, wo sie innegehalten hatte, um ihre «Irrintzi» hinauszurufen, denn dort waren die Abdrucke beider Füße im Boden sichtbar.

Außerdem fand man lange blonde Haarsträhnen, Fetzen von ihrem Rock und den «Zakuto» mit den Nadeln, dem Fingerhut, dem Garn und der Schere.

Aber sonst war nichts mehr da, ganz und gar nichts mehr.

Evelio José Rosero (1958, Kolumbien)

Im Regen

Wir fragten ihn, warum er über der Straße schwebe und was er denn da im Regen mache, und er antwortete, eigentlich nichts, er habe nur über eine kleine Pfütze springen wollen und seltsamerweise sei er nicht mehr auf dem Boden gelandet. «Und da bin ich nun, wie Sie sehen können», sagte er. Er hatte Tränen in den Augen, er sah aus, als wäre er von einer unerhörten Gemütsbewegung überrascht worden, als würde er gleich anfangen, lautlos zu weinen. Seine Krawatte hing wellig herab, schien als einziges ihn weiterhin an die Erde fesseln zu wollen. Trotzdem schien er seine Lage hinzunehmen, denn er stellte verblüfft fest: «Ich

tupefacto: «Debo ser uno de los tantos casos raros que hoy existen en el mundo». Nos contó que al principio fue agradable. «Esto es como los pájaros», contó que había pensado, pero más tarde todo eso empezó a preocuparlo porque se elevó un metro y después dos más y de pronto comenzó a decirnos que sentía que otra vez iba a seguir elevándose, que lo ayudarámos.

«Pronto, pronto!» gritaba.

«Su situación es peligrosa» dijo alguien, «si sigue elevándose a ese ritmo un avión podría quitarle la vida». «Sería lo mejor», sonrieron dos mujeres, «a quién se le ocurre saltar un charco para no volver a caer». «Esto hay que publicarlo», pensaron otros, «de lo contrario nadie va a creerlo».

«¿Qué podemos hacer?» le dijimos. «Podríamos amarrarlo».

«¡No, no!» respondió él, esforzando la voz – porque ya se había elevado cuatro o cinco metros más, de un sólo tirón –, «no quisiera hacer el ridículo, perdería mi puesto en el banco».

«¿Entonces?» le gritamos. «Díganle a mi novia que hoy no pasaré por ella», respondió él, más resignado que impaciente.

«Pero, ¿dónde vive ella?» le preguntamos. Él nos gritaba una y otra vez repitiendo la dirección. Vimos cómo gesticulaba, desesperado. Ninguno de nosotros alcanzó a escuchar en dónde vivía su novia. Además, al verlo desaparecer, nos pareció que su destino tenía tal viso de sospechosa fantasía que ya a nadie realmente le importaba justificar su ausencia ante el mundo.

muss wohl einer der vielen seltsamen Fälle sein, die es heute auf der Welt gibt.» Er erzählte uns, am Anfang sei es ganz lustig gewesen. «Es ist wie bei den Vögeln», habe er bei sich gedacht, erzählte er weiter, aber dann sei ihm bange geworden, denn er sei einen Meter über der Erde gewesen, und dann sei er noch zwei Meter weiter hinauf geschwebt, und auf einmal sagte er uns, jetzt spüre er, es treibe ihn noch höher hinauf, wir sollten ihm doch helfen.

«Aber schnell, schnell!» rief er.

«Seine Lage wird gefährlich», sagte jemand, «wenn er weiter so schnell in die Höhe schwebt, könnte ihn ein Flugzeug töten». «Das wäre das beste», lächelten zwei Frauen, «wem kommt auch in den Sinn, über eine Pfütze zu springen und in der Luft zu bleiben». «Das muss man an die Öffentlichkeit bringen», dachten andere, «sonst glaubt das ja niemand.»

«Was sollen wir tun?» fragten wir ihn. «Wir könnten Sie festbinden.»

«Nein, nein!» antwortete er, so laut er konnte – er war nämlich vier oder fünf Meter in einem Ruck weiter hinauf getrieben worden – «ich will mich doch nicht lächerlich machen, ich würde meine Stelle in der Bank verlieren.»

«Was also?» schrien wir hinauf. «Sagen Sie meiner Freundin, dass ich heute nicht zu ihr komme», antwortete er eher schicksalsergeben als ungeduldig.

«Aber wo wohnt sie denn?» fragten wir hinauf. Er schrie uns eins über das andere Mal ihre Anschrift zu. Wir sahen, dass er verzweifelt mit den Händen fuchtelte. Niemand von uns konnte hören, wo seine Freundin wohnte. Abgesehen davon dachten wir, als wir ihn davonschweben sahen, sein Schicksal habe etwas so verdächtig Fantastisches an sich, dass in der Tat es niemand mehr der Mühe wert fand, über sein Verschwinden Rechenschaft vor der Welt abzulegen.

Cantar en la iglesia,
y llorar en casa.

Singen in der Kirche,
Weinen zu Hause.

Max Aub

El testamento

– Nos quedamos de piedra. Porque, de veras, lo
único que hizo bien aquel hombre durante su vida fue su testamento. Y cuando digo bien quiero
decir algo que se saliera de lo ordinario. Porque
bien ordinario fue aquel Remigio Salas, de Logroño, educado – si es que se puede decir – en Teruel.
Comerciante en abonos, republicano porque
lo fueron sus padres – al abuelo Andrés le quema-
ron los pies los carlistas -, que llegó a sargento
durante los treinta y tantos meses de nuestra
guerra, que pasó íntegra en la milicia, sin herida.
Lo evacuaron a Orán, estuvo unos días en Ingla-
terra, luego en Cuba y, desde fines de 1940, en
México. Aquí entró en una casa de refacciones de
coches – en Bucareli 287 – donde trabajó hasta el
día de su muerte, el 7 de julio de 1960. Le susurra-
ban marica, pero no lo creo; indiferente, eso sí.

Max Aub (1903–1972, Spanien – Mexiko)

Das Testament

« Wir waren sprachlos. Denn, wahrhaftig, dieser Mann hat in seinem Leben nur das eine gut gemacht: sein Testament. Wenn ich sage, gut, so meine ich damit etwas, was das Gewöhnliche überragt. Denn sehr gewöhnlich war jener Remigio Salas aus Logroño; ausgebildet – wenn man das so nennen kann – in Teruel. Reisender in Düngemitteln, Republikaner, weil seine Eltern es waren – dem Großvater Andrés hatten die Karlisten die Füße verbrannt – bis zum Wachtmeister hatte er es in den rund drei Dutzend Monaten unseres Krieges gebracht, den er von Anfang bis zum Schluss in Uniform mitmachte, ohne Verwundung. Er wurde nach Orán evakuiert, war einige Tage in England, dann in Kuba und seit Ende 1940 in Mexiko. Hier ließ er sich in einer Autoreparaturwerkstatt anstellen – in der Bucarelistraße 287 –, wo er bis zu seinem Todestag, dem 7. Juli 1960, arbeitete. Man munkelte, er sei weibisch, aber ich glaube es nicht; gleichgültig, das wohl. Er ging ins Café,

Iba por el café, discutía poco. En 1950 trajo de España a un sobrino suyo, de Calatayud, al que pagó buen colegio y carrera. Acaba hoy la de veterinario, casado con una muchacha de Veracruz, muy guapa. El testamento nos sorprendió a todos, debió pensarlo mucho: lo dictó hace siete años a uno de esos notarios españoles refugiados que no pueden ejercer pero que de hecho lo hacen bajo el nombre prestado de un colega mexicano: Castellón, debe conocerlo: de Cuenca. Las últimas voluntades de Remigio Salas fueron más o menos éstas: «Si muero en México, entiérreseme normalmente, es decir, acostado en un ataúd, cara arriba. Si muero en cualquier otro lugar de la tierra cuyo gobierno reconozca al de Franco entiérreseme cara para abajo para no ver un mundo tan indecente. Si muero en España otra vez republicana, entiérreseme de pie. Si por casualidad, que no se puede preveer, paso a mejor vida, en la que no creo, en la España de Franco, entiérreseme cabeza para abajo.»

– Lo de vuelto hacia la tierra no es nuevo. Lo pidieron algunos nobles del Franco Condado (otra vez el nombre de Franco) para no ver a su país dominado por Luis XIV: nostalgia de seguir siendo españoles.

– No creo que lo supiera el difunto.

– Claro que no.

– Dejó lo suficiente para que, en un caso dado, dieran vuelta o plantaran el ataúd, según las circunstancias.

– Por lo visto fue la ilusión de su vida.

– Nunca se sabe con quién se juega uno el dinero. Lo que sucedió fue que el sobrino, ignorando

war wenig gesprächig. 1950 holte er einen Neffen von Spanien herüber, aus Calatayud, dem er ein gutes Institut und das Studium bezahlte. Der macht eben sein Examen als Tierarzt, ist mit einem Mädchen aus Veracruz verheiratet, einem sehr hübschen. Das Testament verblüffte uns alle, er musste es sich lange überlegt haben: er diktierte es vor sieben Jahren einem jener geflüchteten spanischen Notare, die ihren Beruf nicht ausüben dürfen und es unter dem Namen eines mexikanischen Kollegen doch tun: Castellón, Sie müssen ihn kennen: aus Cuenca. Der letzte Wille des Remigio Salas war ungefähr folgender: ‹Wenn ich in Mexiko sterbe, so will ich wie üblich begraben sein, das heißt, in einem Sarg auf dem Rücken liegend. Wenn ich in irgend einem andern Land der Erde sterbe, dessen Regierung das Franco-Regime anerkennt, so will ich auf dem Bauch liegend begraben sein, um eine so unanständige Welt nicht zu sehen. Wenn ich im wieder republikanischen Spanien sterbe, so will ich aufrecht stehend begraben sein. Wenn ich durch einen nicht voraussehbaren Zufall in Franco-Spanien in ein besseres Leben eingehe, an das ich nicht glaube, so soll man mich mit dem Kopf nach unten begraben.› »

« Das auf dem Bauch liegend ist nicht neu. Es erbaten es sich schon einige Adlige der Franche-Comté (auf spanisch Franco Condado, schon wieder der Name Franco), um ihr Land nicht unter der Herrschaft Ludwigs XIV. zu sehen: Sehnsucht, Spanier bleiben zu können. »

« Ich glaube nicht, dass der Verstorbene das wusste. »

« Sicher nicht. »

« Er hinterließ genügend Geld, damit in einem bestimmten Fall der Sarg umgedreht oder aufgestellt werden konnte, je nach den Umständen. »

« Anscheinend war es der Traum seines Lebens. »

« Man weiß nie, wem man sein Geld anvertraut. Der Neffe, sein Erbe, wusste nämlich nichts von einem Testa

la existencia del testamento, lo hizo incinerar de buenas a primeras, siguiendo sus propios deseos. Ahí lo tiene, en la trastienda, un poco remordida la conciencia.

Marco Tulio Aguilera Garramuño

Fábula del mar en los ojos

Un hombre que era extranjero hasta de sí mismo se enamoró de una mujer extraña. Y se lo dijo. Pero ella era una mujer extraña, muy solitaria, indiferente, con pájaros en la cabeza. Si me quieres – le dijo –, yo no sé si pueda quererte. – Y, ¿cómo podré convencerte de que me quieras? – preguntó el hombre: – Yo no connozco el mar – dijo la mujer –, no conozco el bosque ni la selva. Sueño con orquídeas desde que las oí mencionar. He vivido en mi casa desde que nací. No he ido más allá de los límites de mi jardín.

En los ojos de la mujer había algo semejante a una tristeza serena, a un aburrimiento domesticado, a una desesperanza ya vieja y sin solución. Y, sin embargo, como quien trata de pescar ballenas en el manantial del traspatio, se atrevió a pedir:

– Llévame a ver el mar.

– De acuerdo – dijo el hombre –. Toma tus cosas y vamos.

– Pero quiero ir a pie, desnuda y con una venda sobre los ojos.

– No verás el camino.

– Tú me guiarás.

– Pero entonces no podrás ver el bosque y las

ment, handelte ganz nach eigenem Gutdünken und ließ ihn darum kurzerhand einäschern. Dort im Warenlager bewahrt er die Urne auf, ein wenig plagt ihn das Gewissen schon.»

Marco Tulio Aguilera Garramuño (1949, Kolumbien)

Fabel vom Meer in den Augen

Ein Mann, der sogar für sich selbst ein Fremder war, verliebte sich in eine befremdliche Frau. Er sagte es ihr. Sie war eine befremdende Frau, ganz einsam, teilnahmslos, mit Schmetterlingen im Kopf. «Wenn du mich liebst», sagte sie, «so weiß ich nicht, ob ich dich lieben kann!» «Wie kann ich dich dazu bringen, dass du mich liebst?» fragte der Mann. «Ich kenne das Meer nicht», sagte die Frau, «ich kenne weder den Wald noch die Wildnis. Ich träume von Orchideen, seit ich gehört habe, dass es sie gibt. Ich bin von Geburt an immer zu Hause gewesen. Ich bin nie weiter als bis zu meinem Gartenzaun gekommen.»

In den Augen der Frau lag so etwas wie heitere Traurigkeit, bezähmtes Heimweh, alte und ausweglose Verzweiflung. Trotzdem wagte sie es, ähnlich wie jemand, der im Bächlein hinter dem Haus Wale fangen möchte, ihn zu bitten:

«Nimm mich mit ans Meer.»

«Einverstanden», sagte der Mann. «Pack deine Sachen, und wir fahren los.»

«Ich möchte aber zu Fuß gehen, nackt und mit verbundenen Augen.»

«Dann siehst du den Weg nicht.»

«Du wirst mich führen.»

«Aber dann kannst du den Wald nicht sehen und die Ur-

selvas, no conocerás las orquídeas. No gozarás al contemplar por primera vez el mar.

– Quizás sí pueda verlos y conocerlos a través de tus ojos.

– Y entonces, ¿me amarás?

– Antes de quitarme la venda me describirás el mar. Luego, cuando yo lo vea con mis propios ojos, sabré si puedo amarte o no.

Gabriel Celaya

Ya te explicaré mañana

Muchacha, no hay que hablar. Estamos tristes.
Desde la ventana
puedes ver el cielo donde la tierra acaba.
La luz se ensancha
y los pájaros cantan y vuelan
en la nada.
Muchacha, ¿qué estás pensando?
Desde la ventana
puedes ver el mundo donde el cielo se acaba.
Muchacha, dame una copa.
Ya te explicaré mañana.

Ana María Matute

El Niño que era amigo del demonio

Todo el mundo, en el colegio, en la casa, en la calle, le decía cosas crueles y feas del demonio, y él le vio en el infierno de su libro de doctrina, lleno de fue-

wälder, du lernst die Orchideen nicht kennen. Du kannst den ersten Blick auf das Meer nicht genießen.»

«Vielleicht kann ich das alles sehen und kennen lernen, wenn ich in deine Augen schaue.»

«Und dann wirst du mich lieben?»

«Bevor du mir die Binde abnimmst, beschreib mir das Meer. Wenn ich es dann mit eigenen Augen sehe, werde ich wissen, ob ich dich lieben kann oder nicht.»

Gabriel Celaya (1911–1991, Spanien)

Morgen dann erkläre ich dir

Mädchen, es braucht keine Worte. Wir sind traurig.
Vom Fenster aus
kannst du den Himmel sehen, wo die Erde aufhört.
Das Licht weitet sich,
und die Vögel singen und fliegen
im Nichts.
Mädchen, worüber sinnst du nach?
Vom Fenster aus
kannst du die Welt sehen, bis wo der Himmel aufhört.
Mädchen, gib mir etwas zu trinken.
Morgen dann erkläre ich dir.

Ana María Matute (1926, Spanien)

Das Kind, das den Teufel zum Freund hatte

In der Schule, zu Hause, auf der Straße, überall erzählten ihm die Leute nur grausame und hässliche Dinge über den Teufel, und in seinem Religionsbuch sah er ihn in der Höl-

go, con cuernos y rabo ardiendo, con cara triste y solitaria, sentado en la caldera. «Pobre demonio – pensó –, es como los judíos, que todo el mundo les echa de su tierra.» Y, desde entonces, todas las noches decía: «Guapo, hermoso, amigo mío» al demonio. La madre, que le oyó, se santiguó y encendió la luz: «Ah, niño tonto, ¿tú no sabes quién es el demonio?». «Sí – dijo él –, sí: el demonio tienta a los malos, a los crueles. Pero yo, como soy amigo suyo, seré bueno siempre, y me dejará ir tranquilo al cielo.»

El otro niño

Aquel niño era un niño distinto. No se metía en el río, hasta la cintura, ni buscaba nidos, ni robaba la fruta del hombre rico y feo. Era un niño que no amaba ni martirizaba a los perros, ni los llevaba de caza con un fusil de madera. Era un niño distinto, que no perdía el cinturón, ni rompía los zapatos, ni llevaba cicatrices en las rodillas, ni se manchaba los dedos de tinta morada. Era otro niño, sin sueños de caballos, sin miedo de la noche, sin curiosidad, sin preguntas. Era otro niño, otro, que nadie vio nunca, que apareció en la escuela de la señorita Leocadia, sentado en el último pupitre, con su juboncillo de terciopelo malva, bordado en plata. Un niño que todo lo miraba con otra mirada, que no decía nada porque todo lo tenía dicho. Y cuando la señorita Leocadia le vio los dos dedos de la mano derecha unidos, sin poderse despegar, cayó de rodillas, llorando, y dijo: «¡Ay de mí, ay de mí! ¡El niño del altar estaba triste y ha venido a mi escuela!».

le, alles brannte, seine Hörner und sein Schwanz brannten, und er saß mit traurigem Gesicht einsam auf dem Feuerofen. «Der arme Teufel», dachte er, «es geht ihm wie den Juden, überall vertreibt man sie aus dem Land.» Seitdem sagte er jeden Abend: «Mein lieber Freund, wie schön und statt- lich bist du» zum Teufel. Die Mutter hörte das, bekreuzigte sich und zündete das Licht an: «Ach, du dummes Kind, weißt du denn nicht, wer der Teufel ist?» «Doch», sagte er, «doch: der Teufel verführt die Bösen, die Grausamen. Aber ich bin sein Freund und werde immer brav sein, und er wird mich ruhig in den Himmel lassen.»

Das andere Kind

Dieses Kind war anders. Es stapfte nicht bis zum Bauch in den Bach hinein, es suchte keine Vogelnester, es stahl kein Obst beim reichen hässlichen Mann. Es war ein Kind, das die Hunde weder hätschelte noch quälte, und es nahm sie auch nicht mit auf die Jagd mit einem Holzgewehr. Es war anders als andere Kinder, verlor nie den Riemen,* zerriss seine Schuhe nicht, hatte keine Schrammen am Knie, kei- ne violetten Tintenkleckse an den Fingern. Es war ein Kind anderer Art, träumte nie von Pferden, hatte keine Angst vor der Nacht, war nicht neugierig und hatte keine Fragen. Es war ein Kind anderer Art, niemand hatte je so eines ge- sehen; es tauchte in der Schulstube von Fräulein Leocadia auf und saß mit seinem Wams aus lila Samt und silberner Stickerei in der hintersten Bank. Dieses Kind sah alles mit anderen Augen an und sagte nichts, es hatte schon alles gesagt. Als Fräulein Leocadia sah, dass es die zwei Finger der rechten Hand nicht voneinander lösen konnte, fiel sie auf die Knie und weinte: «Ach, wie ist mir! Das Kind auf dem Altar war traurig, und es ist zu mir in die Schulstube gekommen!»

Villancico

La Virgen y el Ciego

La Virgen va caminando
de Egipto a Belén;
como el camino es tan largo
pide el Niño de beber.
– No pidas agua, mi vida,
no pidas agua, mi bien,
que los ríos vienen turbios
y no son para beber.
Allá arriba en aquel alto
hay un huerto naranjel.
El hombre que lo guarda
es un viejo que no ve.
– Dame, ciego, una naranja
para el Niño entretener.
– Entre usté, señora, y coja
las que tenga menester.
La Virgen, como es discreta,
no ha cogido más que tres:
una cogió para el Niño,
otra para San José,
y otra quedó en la mano
para entretener la sed.
Cuando la Virgen marchaba,
dice el ciego que ya ve:
– ¿Quién ha sido esa Señora
que me hizo tanto bien?
Será la Virgen María
y su esposo San José,
que van camino de Egipto,
de Egipto para Belén.

Weihnachtslied

Die Muttergottes und der Blinde

Die Jungfrau ist unterwegs
von Ägypten nach Bethlehem;
der Weg ist weit,
und das Kind hat Durst.
« Bitte nicht um Wasser, mein Leben,
bitte nicht um Wasser, mein Kind,
die Bäche fließen trübe,
nicht zum Trinken ist ihr Wasser. »
Dort auf der Höhe
ist ein Orangenhain.
Der Mann, der ihn bewacht,
ein Greis, der nicht mehr sieht.
« Gib mir, Blinder, eine Orange,
das Kind zu laben. »
« Komm, Frau, und pflücke
die Früchte, die du brauchst. »
Die Jungfrau ist bescheiden
und hat nur drei gepflückt:
eine brach sie für das Kind
und eine für Sankt Josef,
eine hält sie in der Hand,
um ihren Durst zu löschen.
Als die Jungfrau des Weges ging,
sagt der Blinde, der schon sieht:
« Wer war wohl diese Dame,
die solche Wohltat mir erwies?
Gewiss die Jungfrau Maria
und Sankt Josef, ihr Mann,
sie kommen von Ägypten
und gehen nach Betlehem. »

Rubén Bonifaz Nuño (1923, Mexiko)

He detenido la respiración
para sentir si tú respiras.

A la vez has quedado tan presente y lejana.
Eterna casi.
Fuera del tiempo, sola, sin moverte.

Y me llenó el terror incontenible
de que te hubieras ido;
de que te hubieras muerto en sueños,
y me hubieras dejado entre los brazos
sólo una imagen clara,
un simulacro tibio, una perfecta
máscara tuya con los ojos cerrados.

Pero aquí está de nuevo
como una flor brotando, como el alma
de una rama florida,
dulce, otra vez tu aliento dulce.

Y en medio de un placer que de tan tierno
me acongoja,
de un sobresalto que me empequeñece,
de una paz en tumulto que me ahoga,
vuelvo a ser, y te miro.
Vives. Estás dormida.

Rubén Bonifaz Nuño (1923, Mexiko)

Ich habe den Atmen angehalten,
damit ich spüre, ob du atmest.

Gleichzeitig bist du ganz nah und weit fort.
Beinahe ewig.
Außerhalb der Zeit, allein, ohne dich zu rühren.

In mir wogte der unbezähmbare Schrecken,
du könntest gegangen sein,
gestorben im Schlaf,
und hättest mir zwischen den Armen
nur dein klares Abbild gelassen,
ein laues Blendwerk, deine getreue Maske
mit geschlossenen Augen.

Aber hier ist von neuem
wie eine knospende Blume, wie die Seele
eines blühenden Zweiges,
süß, wieder dein süßer Atem.

Doch inmitten der Freude, die mir so zart
das Herz einschnürt,
in der Bestürzung, die mich klein macht,
im friedlichen Aufruhr, der mich beklemmt,
kehre ich wieder ins Dasein zurück und schaue dich an.
Du lebst. Du liegst im Schlaf.

Anmerkungen

Seite 7   Sonnen: von Kindern hochgehaltene sprühende
   Feuerwerkskörper
Seite 15   Greguerías: Eine Art spielerische Aphorismen,
   je nachdem witzig, poetisch, besinnlich – einfach
   irgendwie verquer. Die vom Autor geschaffene
   literarische Gattung hat noch keine Nachahmer
   gefunden.
Seite 61   Albaniña: weißes Mädchen
Seite 135   Riemen: Lederriemen zum Zusammenbinden
   der Schulbücher und -hefte, mit einer Tragschlaufe

Autorenverzeichnis

De noche, todos los gatos son pardos.

Bei Nacht sind alle Katzen grau.

Ein Verzeichnis der Reihe dtv zweisprachig kann angefordert werden beim Deutscher Taschenbuch Verlag, Friedrichstraße 1 a, 80801 München
www.dtv.de   zweisprachig@dtv.de